# Erkenne deine Berufung



## Wie du in die göttliche Bestimmung für dein Leben hineintrittst!

Mike Murdock

ADULLAM

**Adullam Verlag**
**St.-Ulrich-Platz 8**
**85630 Grasbrunn**

ISBN 3-931484-30-0

Bestellungen an obenstehende Adresse richten.

1. Auflage, Januar 2002

Available in other languages from:
Access Sales International (ASI)
P.O. Box 700143
Tulsa, OK 74170-0143
USA
Fax 001-918-496-28822

Alle Bibelzitate wurden, wenn nicht anderweitig gekennzeichnet,
der Revidierten Elberfelder Bibel,
R. Brockhaus Verlag Wuppertal, Ausgabe 1992, entnommen.
Großbuchstaben vom Autor zur Hervorhebung hinzugefügt.



Übersetzung: Jutta Sprycha
Umschlag: Anne Dittrich, Druckerei Mißbach
Satz und Umbruch: Adullam Verlag
Druck: Holzmann Druck, Bad Wörishofen
Lektorat: Stefanie Ecker M.A.

# Inhalt

# Widmung

Ich widme dieses Buch fünf besonderen Personen, ohne deren Hilfe es mir nicht möglich gewesen wäre, meine Berufung zu erfüllen. Ich schätze es sehr, daß sie Teil meines Lebens sind:

Dem Heiligen Geist, meinem Lieblingslehrer und -ratgeber.

Meiner Mutter, die meine Lieblingsinspirationsquelle ist.

Meinem Vater, der mein Lieblingsfürbitter ist.

Jason, meinem Lieblingsohn.

Und Ree, meinem Lieblingsschützling.

# Danksagung

Jedes Buch erfordert Mühe, Zeit und Hingabe von außergewöhnlichen Menschen. Worte reichen nicht aus, um denjenigen meine Dankbarkeit auszudrücken, die Gott dazu berufen hat, mit mir an diesem großartigen Projekt, *Erkenne deine Berufung*, zu arbeiten. Obwohl ich fürchte, daß ich jemanden übersehe, möchte ich den folgenden Personen gegenüber (in alphabetischer Reihenfolge), die dieses Werk der Liebe möglich gemacht haben, mit großer Dankbarkeit meine Wertschätzung zum Ausdruck bringen:

Frank und Beverly Berry, die schon seit über 30 Jahren meine engsten Freunde sind und deren unermüdliche Unterstützung und Glaube an mich mit dazu beigetragen haben, daß viele meiner Träume wahr geworden sind.

Walt und Pam Bolinger, die eine unversiegbare Quelle der Ermutigung für mich sind.

J. Konrad Hölé, dem als Beispiel für einen geistlichen Sohn niemand das Wasser reichen kann.

Martha MacDonald, die mir eine wertvolle Freundin und Gesprächspartnerin ist, und die mich inspirierte, meine volle Aufmerksamkeit darauf zu richten, dieses Buch zu schreiben.

Marcus Maranto, der mich durch seine Mithilfe im Lektorat und seine Begeisterung Stunde um Stunde ermutigte.

Marlene Marsh, die ihre Begeisterung für Weisheit bislang in den unzähligen Stunden unter Beweis stellte, in denen sie die zahlreichen Entwürfe meiner vielen Manuskripte eingetippt hat.

Meinen Brüdern und Schwestern, deren unerschütterliche Zuversicht hinsichtlich meines Lebens und meiner Berufung ich sehr schätze (Barbara, John, Flo, Deborah, Kaydonna und David).

Chris Ortiz, dessen Fähigkeit als Graphiker nur noch von der gottgewirkten Motivationsarbeit in meinem Leben übertroffen wird.

Keith Provance, der schon an meine Berufung zum Autor geglaubt hatte, bevor ich selbst davon wußte.

Iris Smith, deren Korrekturlesen mehr Fehler zutage brachte, als ich zugeben möchte.

Dem Team der *Mike Murdock Evangelistic Association*, dessen Vortrefflichkeit im Dienst beispielhaft für die Welt ist – besonders Matti Cook-Smith, meine Sekretärin, ohne deren außerordentlicher Beharrlichkeit und stundenlanger Arbeit dieses Buch niemals fertiggestellt worden wäre. Außerdem bin ich meinen übrigen kostbaren Mitarbeitern sehr dankbar: Elaine Aldridge, Carole Bryan, Alice Cabrera, Tim Childress, Susan Costin, Laura Coulter, Maudie Coulter, Willie Coulter, Loren Davalos, Tim English, Que English, Clint Hall, Karis Hall, David Hodgens, Zaydee Crespo-Hodgens, Marie King, Cindy Kipling, Merlene Marsh, Kevin Matheny, Rebecca McCoy, Monica Melgar, Sergio Melgar, Michael Palmer, Pam Schultz, Laura Thurman und Todd Voitel.

Pat Vanlandingham, die unzählige Stunden lang Nachtarbeit leistete, damit wir das gesamte Projekt rechtzeitig zu Ende bringen konnten.

Bobby White, mein treuer Freund, der ständig darum bemüht ist, mich durch seine hingebungsvolle Mitarbeit in meinem Dienst zu entlasten.

Steve und Rebecca Williams, deren Liebe und Talente dazu beitrugen haben, daß mein Zuhause ein wunderschöner Ort der Erholung geworden ist.

Und Janice Winters, meiner Rechtsberaterin, deren Gewißheit bezüglich meiner Berufung eine große Ermutigung war und ist.

# Einführung

Wenn du Christ bist, hat Gott eine Berufung für dein Leben, die dich zur richtigen Zeit an den richtigen Ort mit den richtigen Leuten bringen wird, damit du seinen Plan für dein Leben verwirklichen kannst. Für viele jedoch bleibt die göttliche Berufung eine Illusion. Leider ist das Leben vieler Kinder Gottes von wiederkehrendem Versagen geprägt und ohne Sinn, weil ihr Leben nicht in Einklang mit dem Plan und der Absicht Gottes steht.

Wenn es Satan gelingt, die Christen blind gegenüber ihrer Berufung zu machen und sie davon abbringt, sich darauf zu konzentrieren, kann er sie ein ganzes Leben lang mit Mißerfolg und Hader knechten. Doch noch weitaus schlimmer ist die Tatsache, daß er somit das Herz Gottes empfindlich treffen kann. Das ist der Grund, warum ich dieses Buch geschrieben habe.

Wenn du die folgenden Seiten liest, wirst du die Hoffnungen und Wünsche entdecken, die Gott schon immer für dein Leben gehabt hat. Du wirst außerdem einige Fallen erkennen, die Satan oftmals benutzt, um uns von der göttlichen Berufung „fernzuhalten". Und du wirst angespornt werden, anderen dabei zu helfen, Gottes besondere Berufung für ihr Leben zu entdecken.

Für diejenigen, die dieses Buch als Hilfsmittel für ihre tägliche Zeit mit Gott verwenden möchten, habe ich 31 „Berufungstatsachen" geschrieben – jeweils eine für jeden Tag des Monats, um dich täglich anzuleiten.

Ob du nun jeden Tag ein ganzes Kapitel liest oder dir die Lektüre in andere Etappen einteilst, mein von Herzen kommendes Gebet ist, daß aufgrund meiner Berufung, das Buch *Erkenne deine Berufung* zu schreiben, deine Beziehung zu Gott um das Hundertfache intensiviert werden wird und daß sich Gottes Absicht und Plan schon bald in deinem Leben offenbaren werden.

*Mike Murdock*

# Tatsache 1

## Alles, was Gott erschuf, wurde zur Lösung eines Problems geschaffen

### Daß du hier bist, ist kein Zufall

Hast du gewußt, daß Gott dich erschaffen hat, um ein Problem zu lösen? Warum hast du dir ein Auto gekauft? Weil du auf diese Weise ein Transportproblem gelöst hast. Warum schaust du jeden Abend die Nachrichten im Fernsehen an? Dadurch wird dein Problem des Informationsmangels aus dem Weg geräumt. Warum hat Gott dich erschaffen? Um menschliche Probleme zu lösen.

- Mechaniker lösen *Autoprobleme.*
- Zahnärzte lösen *Zahnprobleme.*
- Rechtsanwälte lösen *rechtliche Probleme.*
- Mütter lösen *emotionale Probleme.*
- Finanzbeamte lösen *Steuerprobleme.*
- Christen lösen *menschliche Probleme.*

Gott schuf den Propheten Jeremia für einen besonderen Zeitabschnitt in der Geschichte. Und weil Gott keinen Menschen bevorzugt, gilt dasselbe auch für dich.

> *... Denn zu allen, zu denen ich dich sende, sollst du gehen, und alles, was ich dir gebiete, sollst du reden. Fürchte dich nicht vor ihnen! Denn ich bin mit dir, um dich zu erretten, spricht der Herr.*
>
> Jeremia 1, 7–8

## Kreativität ist die Suche nach Lösungen

Laß es mich verdeutlichen: Früher konnte man bei großen Versammlungen die Sprecher nicht klar und deutlich hören. Deshalb erfand man Mikrophone und Lautsprecheranlagen. Für diejenigen, die Schwierigkeiten mit dem Sehen hatten, wurden Brillen erfunden. Und man dachte sich eine Menge anderer Erfindungen aus, um alltägliche Bedürfnisse zu lösen.

*Jeder Teil von dir hat einen Auftrag.*

Ebenso hat auch jeder Teil von dir eine Aufgabe. Es gibt ein Problem, das du lösen kannst. Deine Augen haben die Aufgabe zu sehen. Deine Ohren lösen das Problem des Hörens.

- Deine Augen *sehen.*
- Deine Ohren *hören.*
- Deine Hände *greifen.*
- Deine Füße *gehen.*
- Dein Mund *spricht.*
- Deine Nase *riecht.*

Doch was sollst du nun mit all diesen Fähigkeiten anfangen? Es ist deine Aufgabe, deine Berufung zu entdecken und völlig in ihr aufzugehen. Wenn du es nämlich nicht tust, wird es niemand anderer tun:

> *Jeder bleibe in dem Stand, in dem er berufen worden ist.*
> 1. Korinther 7, 20

## Jeder Teil der Schöpfung erfüllt einen bestimmten Zweck

Alles, was Gott erschaffen hat, hat einen bestimmten Zweck. Es dient zur Lösung eines Problems. Aus diesem Grund hat Gott auch uns erschaffen. Er wollte eine Liebesbeziehung. Er wollte erwählt, umworben und geschätzt werden. Deshalb hat Er Adam erschaffen. Doch die Lösung dieses Problems stellte Adam vor ein neues: Er brauchte menschliche Gemeinschaft. Also schuf Gott Eva:

*Und Gott, der Herr, sprach: Es ist nicht gut, daß der Mensch allein sei; ich will ihm eine Hilfe machen, die ihm entspricht ... Da ließ Gott, der Herr, einen tiefen Schlaf auf den Menschen fallen, so daß er einschlief. Und er nahm eine von seinen Rippen und verschloß ihre Stelle mit Fleisch; und Gott, der Herr, baute die Rippe, die er von dem Menschen genommen hatte, zu einer Frau, und er brachte sie zum Menschen. Da sagte der Mensch: Diese endlich ist Gebein von meinem Gebein und Fleisch von meinem Fleisch; diese soll Männin heißen, denn vom Mann ist sie genommen.*

1. Mose 2, 18; 21–23

Als Adam und Eva nun zusammen waren, hatten sie jedoch ein Problem! Wer würde für sie sorgen, wenn sie einmal alt sind? Um dieses Problem zu lösen, schenkte Gott ihnen Kinder:

*Siehe, ein Erbe vom Herrn sind Söhne, eine Belohnung die Leibesfrucht. Wie Pfeile in der Hand eines Helden, so sind die Söhne der Jugend. Glücklich der Mann, der seinen Köcher mit ihnen gefüllt hat! Sie werden nicht beschämt werden, wenn sie mit Feinden reden im Tor.*

Psalm 127, 3–5

*Und Gott segnete sie, und Gott sprach zu ihnen: Seid fruchtbar und vermehrt euch, und füllt die Erde, und macht sie euch untertan; und herrscht über die Fische des Meeres und über die Vögel des Himmels und über alle Tiere, die sich auf der Erde regen!*

1. Mose 1, 28

Wie du also siehst, waren Adams Frau und Kinder dazu bestimmt, seine Probleme zu lösen:

*Deine Frau gleicht einem fruchtbaren Weinstock im Innern deines Hauses, deine Söhne den Ölbaumsprossen, rings um deinen Tisch. Siehe, so wird gesegnet sein der Mann, der den Herrn fürchtet.*

Psalm 128, 3–4

Doch wir dürfen niemals vergessen, daß die Menschheit mit einer weitaus höheren Bestimmung erschaffen wurde als lediglich für den einfachen Zweck, Probleme zu lösen. Gott hat den Menschen zu seinem eigenen Vergnügen auf die Erde gesetzt. Wir wurden erschaffen, um Ihn glücklich zu machen:

> *Du bist würdig, unser Herr und Gott, die Herrlichkeit und die Ehre und die Macht zu nehmen, denn du hast alle Dinge erschaffen, und deines Willens wegen[* King James Version*: zu deiner Freude] waren sie und sind sie erschaffen worden.*
>
> Offenbarung 4, 11

Du wurdest nicht nur erschaffen, um für einen anderen die Lösung zu sein. Du wurdest erschaffen, weil Gott an dir Gefallen hat.

Wenn du also morgens deine Augen aufschlägst, dann laß dich durch die Vorstellung ermutigen, daß Gott dein Erwachen mit Freude beobachtet. Und vergiß auch nicht, daß es in seiner Welt von Lösungen nur so wimmelt. Alles, was erschaffen worden ist, ist eine Lösung ... für irgend jemanden, irgendwo, irgendwann. Das bedeutet, daß auch du eine Lösung für einen anderen Menschen bist. Jemand braucht dich. Jemand will dich. Du bist für irgend jemand wichtig, irgendwo ... heute.

Lies diese beeindruckenden Worte! Sie gelten auch dir:

> *Und das Wort des Herrn geschah zu mir so: Ehe ich dich im Mutterschoß bildete, habe ich dich erkannt, und ehe du aus dem Mutterleib hervorkamst, habe ich dich geheiligt: zum Propheten für die Nationen habe ich dich eingesetzt.*
>
> Jeremia 1, 4–5

***Wie Jeremia wurdest du für einen bestimmten und ganz besonderen Zweck erschaffen ... um ein spezifisches Problem hier auf der Erde zu lösen. Das ist deine Berufung. Bist du bereit, sie zu entdecken? Bist du bereit, die Belohnung für jemanden zu sein?***

# Tatsache 2

## Du bist eine Belohnung für jemanden

### Jemand braucht dich

Die Israeliten brauchte einen Anführer. Deshalb war Mose ihre Belohnung.

Das Volk Israel brauchte David, um Goliat zu besiegen. Er war also ihre Belohnung. David war dadurch, daß er Goliat besiegte und die Philister in die Flucht schlug, auch eine Belohnung für König Saul.

Noomi brauchte jemand, der für sie sorgte. Deshalb war Rut ihre Belohnung. Ruts Treue gegenüber Noomi war sogar so außergewöhnlich, daß der Bericht über ihre Hingabe in der Schrift festgehalten wurde, damit noch viele weitere Generationen darüber lesen konnten und können.

Wenn Ester nicht gewesen wäre, wären die Juden vernichtet worden. Deshalb war Ester ihre Antwort, ihre Lösung – ihre Belohnung.

Pharao brauchte dringend jemanden, der seine Träume deuten konnte. Deshalb war Joseph seine Belohnung und letztendlich auch die Belohnung für alle Einwohner Ägyptens.

Ägypten wäre von einer Hungersnot vernichtet worden. Deshalb war Joseph ihre Belohnung, weil er die Botschaft Gottes, die durch Pharaos Traum zum Ausdruck kam, deutete. Wie du siehst, ist alles, was Gott erschaffen hat, eine Belohnung für jemand anderen.

Denke darüber nach. Es ist sehr wichtig, daß du begreifst, welche Bedeutung du hast und wie wertvoll du bist.

Deine Geduld ist eine Belohnung für jemanden, den andere nicht aushalten würden. Deine Worte werden jemanden motivieren, der nicht in der Lage ist zu sehen, was du siehst. Ganz gleich, ob es die geistigen, emotionalen oder geistlichen Fähigkeiten sind, die Gott in dir entwickelt hat, IRGEND JEMAND BRAUCHT DICH HEUTE DRINGEND.

*Gott hat dich geplant, und niemand anderer kann wie du sein.*

Gott hat dich geplant, und niemand anderer kann wie du sein. Kein anderer kann tun, was du tust. Du bist anders als jeder andere auf dieser Erde. Begreife diese Tatsache und freunde dich mit ihr an! Gott schafft Menschen nicht nach einem einzigen Modell. Er ist ein Schöpfer. Du als Original bist völlig perfekt und genetisch auf vollendete Weise passend, um ein spezielles Problem, das irgend jemand auf dieser Erde hat, zu lösen.

Irgend jemand braucht genau das, was Gott dir gegeben hat. Jemand hungert und dürstet nach deiner Gegenwart. Irgend jemand wird untergehen, wenn du nicht in sein Leben trittst. Irgendein Mensch stirbt im wahrsten Sinne des Wortes emotional, geistig oder geistlich und wartet darauf, daß du kommst, um ihn zu retten. Jemand hat die ganze Nacht kein Auge zugemacht und gebetet, Gott möge dich über seinen Weg schicken.

## Du bist die Belohnung für jemanden

Es ist auch wichtig für dich zu erkennen, daß einige Leute dich nicht wirklich brauchen. Du bist nicht die Antwort für sie. Du bist nicht ihre Lösung. Sei deswegen nicht verletzt. Gott hat jemand anderen für sie geplant.

Du wirst nicht überall gebraucht. Du wirst nur zu einer bestimmten Zeit an einem bestimmten Ort von einem bestimmten Menschen gebraucht.

Die Person (oder die Gruppe), zu der Gott dich schickt, wird die Bedingungen dafür erfüllen, daß du in ihr Leben trittst. Sie wird anfänglich vielleicht nicht sofort erkennen, daß du ihre Belohnung bist, aber du bist es tatsächlich. Du bist genau das, was Gott für ihr Leben bestimmt hat.

Sinne so lange über diese Wahrheit nach, bis du sie schmecken und fühlen kannst.

## 3 wichtige Schlüssel, um „deine" Belohnung zu erhalten:

1. Gott hat dich befähigt, die perfekte Lösung für jemand anderen zu sein.

2. Trotzdem ist es die Verantwortung der anderen zu erkennen, daß du für sie bestimmt bist. Tausende von denen, die Jesus nachfolgten, waren krank oder blind. Aber wie die Schrift berichtet, befand sich unter ihnen nur einer, der rief: „Sohn Davids, Jesus, erbarme dich meiner!" (siehe Mk. 10, 47).

   Selbst der Pharao von Ägypten, ein ungläubiger Mann, erkannte, daß Joseph ihn aus seinem Dilemma befreien und seine Träume deuten konnte. Und obwohl die Pharisäer nicht begriffen, daß Jesus für sie bestimmt war, erkannte der Zöllner Zachäus dies sehr wohl, und so entstand eine Beziehung.

3. Wenn du erkannt hast, für wen du bestimmt bist, wirst du großen Frieden und ein Gefühl des Erfülltseins verspüren und Versorgung für dein eigenes Leben erhalten.

   Doch du bist die Person, die die Salbung und die Berufung in deinem Leben festmachen und bestens kennen muß. Deshalb sei standhaft und bleibe mit dem Heiligen Geist in Verbindung, dann wird Gott dich führen.

   Halte Ausschau nach Gelegenheiten, wo du für andere um Heilung beten, sie stärken und segnen kannst. Wann immer es dir möglich ist, tue Gutes:

*Enthalte Gutes dem nicht vor, dem es gebührt, wenn es in der Macht deiner Hand steht, es zu tun!*

Sprüche 3, 27

***Du bist wahrhaftig ein Geschenk und eine Belohnung für den, für den du bestimmt bist.***

# Tatsache 3

# Du entscheidest dich nicht für deine Berufung – du entdeckst sie

## Wer sucht, der findet

Deine Berufung wartet darauf, von dir durch den Heiligen Geist und in den Seiten der Bibel entdeckt zu werden. Hier sind diesbezüglich einige Hinweise, die du wissen solltest.

Gott hat für diejenigen, die Ihn lieben, besondere Ereignisse und Situationen vorbereitet:

> *... „Was kein Auge gesehen und kein Ohr gehört hat und in keines Menschen Herz gekommen ist, was Gott denen bereitet hat, die ihn lieben."*
>
> 1. Korinther 2, 9

Du wirst die Dinge und Ereignisse, zu denen du berufen bist, nur durch den Heiligen Geist erkennen und entdecken können:

> *Uns aber hat Gott es geoffenbart durch den Geist, denn der Geist erforscht alles, auch die Tiefen Gottes.*
>
> 1. Korinther 2, 10

Du hast Anteil an den Gedanken des Herrn, damit du deine Berufung erkennen kannst.

> *Denn „wer hat den Sinn des Herrn erkannt, daß er ihn unterweisen könnte?" Wir aber haben Christi Sinn.*
>
> 1. Korinther 2, 16

*Bittet, und es wird euch gegeben werden; sucht, und ihr werdet finden; klopft an, und es wird euch geöffnet werden.*

Matthäus 7, 7

**Du bist von Gott in diese Generation gestellt worden.**

Deine Begabungen und Talente sind dir vom Heiligen Geist gegeben worden:

*Es gibt aber Verschiedenheiten von Gnadengaben, aber es ist derselbe Geist ... Dies alles aber wirkt ein und derselbe Geist und teilt jedem besonders aus, wie er will.*

1. Korinther 12, 4; 11

Deine Begabungen und Talente unterscheiden dich von all deinen Mitmenschen:

*Da wir aber verschiedene Gnadengaben haben nach der uns gegebenen Gnade, so laßt sie uns gebrauchen: es sei Weissagung, in der Entsprechung zum Glauben ...*

Römer 12, 6

*... wobei Gott zugleich Zeugnis gab durch Zeichen und Wunder und mancherlei Machttaten und Austeilungen des Heiligen Geistes nach seinem Willen.*

Hebräer 2, 4

Du bist von Gott in diese Generation gestellt worden:

*... Denn zu allen, zu denen ich dich sende, sollst du gehen, und alles, was ich dir gebiete, sollst du reden.*

Jeremia 1, 7

Deine Lebensaufgabe ist von Gott erdacht und vorherbestimmt worden:

*Siehe, ich bestelle dich an diesem Tag über die Nationen und über die Königreiche, um auszureißen und niederzureißen, zugrunde zu richten und abzubrechen, um zu bauen und zu pflanzen.*

Jeremia 1, 10

- Gott hat nicht nur einen Plan.
- Gott hat einen Plan für dein Leben.
- Damit sein Plan für dein Leben zustande kommt, mußt du gehorsam sein:

> *Wenn ihr willig seid und hört, sollt ihr das Gute des Landes essen. Wenn ihr euch aber weigert und widerspenstig seid, sollt ihr vom Schwert gefressen werden. Denn der Mund des Herrn hat geredet.*
>
> Jesaja 1, 19–20

Um seinen Plan für dein Leben zu verwirklichen, ist die *persönliche* Entscheidung notwendig, mit Ihm zusammenzuarbeiten:

> *Und es wird geschehen, wenn du der Stimme des Herrn, deines Gottes, genau gehorchst, daß du darauf achtest, all seine Gebote zu tun, die ich dir heute befehle, dann wird der Herr, dein Gott, dich als höchste über alle Nationen der Erde stellen.*
>
> 5. Mose 28, 1

Wenn sein Plan bis zur Vollendung durchgeführt wird, wirst du garantiert gesegnet:

> *Und alle diese Segnungen werden über dich kommen und werden dich erreichen, wenn du der Stimme des Herrn, deines Gottes, gehorchst. Gesegnet wirst du sein in der Stadt, und gesegnet wirst du sein auf dem Feld.*
>
> 5. Mose 28, 2-3

Sein Plan führt dich zum Leben – andere Pläne bringen den Tod:

> *Ich rufe heute den Himmel und die Erde als Zeugen gegen euch auf: das Leben und den Tod habe ich dir vorgelegt, den Segen und den Fluch! So wähle das Leben, damit du lebst …*
>
> 5. Mose 30, 19

- Gott *entscheidet*, was du tun sollst.
- Du mußt dich entscheiden, *gehorsam* zu sein.

Vorherbestimmung ist die Absicht Gottes, nicht die Entscheidung Gottes:

> *Der Herr verzögert nicht die Verheißung, wie es einige für eine Verzögerung halten, sondern er ist langmütig euch gegenüber, da er nicht will, daß irgendwelche verloren gehen, sondern daß alle zur Buße kommen.*
>
> 2. Petrus 3, 9

Denk mal einen Augenblick nach. Hat das Auto Henry Ford Anweisungen gegeben und ihm erklärt, was es sein wollte? Natürlich nicht. Herr Ford hat es benannt. Hat das Flugzeug die Gebrüder Wright darüber informiert, daß es fliegen würde und Flugzeug genannt werden wollte? Natürlich nicht. Orville und Wilbur Wright hatten beschlossen, daß es so sein sollte.

Und wie wir wissen, möchte Gott nicht, daß irgend jemand verloren geht. Und doch geschieht es. Täglich. Millionen von Menschen sind ohne Christus in die Ewigkeit gegangen. Obwohl du also vorherbestimmt (von Gott dazu bestimmt) bist, errettet zu werden, ist es doch von deiner Entscheidung abhängig, ob du mit Ihm zusammenarbeitest und Ihn anerkennst.

- Der Schöpfer *entscheidet.*
- Die Schöpfung *entdeckt.*

> *... Wie oft habe ich deine Kinder versammeln wollen, wie eine Henne ihre Küken versammelt unter ihre Flügel, und ihr habt nicht gewollt! Siehe, euer Haus wird euch öde gelassen ...*
>
> Matthäus 23, 37–38

- Der Schöpfer entscheidet, wozu er dich berufen hat und was du werden sollst. Die Schöpfung entscheidet lediglich, inwieweit sie gehorsam sein und dazu beitragen wird, daß dies geschieht.
- Geschaffenes trifft keine Entscheidungen.
- Hersteller treffen Entscheidungen.

***Denke daran, daß du ein Geschöpf Gottes bist. Und Er ist der einzige, der dir die Berufung, die Er dir bei deiner Geburt zugeteilt hat, offenbaren kann.***

# Tatsache 4

## Deine Berufung wird deine ungeteilte Aufmerksamkeit erfordern

### Der einzige Grund, warum Menschen versagen, ist daß sie ihr Ziel aus den Augen verlieren

Da ich seit über 30 Jahren in der Welt herumreise und über 12.000mal gepredigt habe, berichteten mir verletzte Menschen schon oft in allen Einzelheiten über ihre persönlichen Kämpfe und Konflikte. Und während ich zuhörte, habe ich eine sehr bedeutungsvolle Wahrheit erkannt: Satan hat es sich zu einem seiner Hauptziele gesetzt, die Aufmerksamkeit der Gläubigen von ihrer Berufung abzulenken. Das Ziel, auf das du dein Augenmerk richtest, nimmt deine Zeit, deine Energie, deine Finanzen und deine Aufmerksamkeit in Anspruch. Wenn es Satan also gelingt, dich von deiner Berufung abzulenken, hat er dich im Griff. Und wenn er dich in Griff bekommen kann, kann er das Herz Gottes verletzten, der sein einziger wahrer Feind ist.

Wie wichtig ist deine ungeteilte Aufmerksamkeit?

Höre darauf, was Gott in seinem Wort über diejenigen sagt, die sein Volk dazu verführen, anderen Göttern nachzufolgen:

> *Wenn dein Bruder, der Sohn deiner Mutter, oder dein Sohn oder deine Tochter oder die Frau an deinem Busen oder dein Freund, der dir wie dein Leben ist, dich heimlich verführt, indem er sagt: Laß uns gehen und anderen Göttern*

*dienen! – die du nicht gekannt hast, weder du noch deine Väter, von den Göttern der Völker, die rings um euch her sind, nahe bei dir oder fern von dir, von einem Ende der Erde bis zum anderen Ende der Erde –, dann darfst du ihm nicht zu Willen sein, und du sollst seinetwegen nicht betrübt sein, nicht auf ihn hören und nicht schonen noch Mitleid mit ihm haben, noch ihn decken; sondern du sollst ihn unbedingt umbringen. Deine Hand soll zuerst gegen ihn sein, ihn zu töten, und danach die Hand des ganzen Volkes. Und du sollst ihn steinigen, daß er stirbt. Denn er hat versucht, dich vom Herrn, deinem Gott, abzubringen, der dich herausgeführt hat aus dem Land Ägypten, aus dem Sklavenhaus.*

5. Mose 13, 7–11

Wie bringt man jemanden von seinem Ziel ab? Indem man ihm ein anderes Ziel gibt.

Nun lies, was Jesus im Neuen Testament über Ablenkung gesagt hat:

*Wenn aber dein rechtes Auge dir Anlaß zur Sünde gibt, so reiß es aus und wirf es von dir! Denn es ist dir besser, daß eins deiner Glieder umkommt und nicht dein ganzer Leib in die Hölle geworfen wird. Und wenn deine rechte Hand dir Anlaß zur Sünde gibt, so hau sie ab und wirf sie von dir! Denn es ist dir besser, daß eins deiner Glieder umkommt und nicht dein ganzer Leib in die Hölle geworfen wird.*

Matthäus 5, 29–30

Jesus ermahnte seine Jünger, ihre Aufmerksamkeit auf das Königreich Gottes gerichtet zu halten. Er versicherte ihnen, daß sie die Finanzen und alles, was sie brauchten, bekommen würden, wenn sie sich völlig auf Ihn konzentrieren.

*Trachtet aber zuerst nach dem Reich Gottes und nach seiner Gerechtigkeit! Und dies alles wird euch hinzugefügt werden.*

Matthäus 6, 33

Wie bringt man jemanden von seinem Ziel ab? Indem man ihm ein anderes Ziel gibt. Wie bringst du ihn von seinem Traum ab? Indem du ihm einen anderen Traum gibst. Warum? Weil du auf diese Weise seine Aufmerksamkeit auf etwas anderes lenkst und er seine Energie vergeudet. Wenn du hinsichtlich deiner Berufung nicht in diese Falle tappen möchtest, solltest du die folgenden zwölf Prinzipien zum Thema ZIELGERICHTETHEIT, die sehr viel Weisheit beinhalten, beachten, denn sie können dein Leben nachhaltig verändern:

### 12 Weisheiten zum Thema Zielgerichtetheit

1. Deine Konzentration auf ein Ziel bestimmt, was dich beherrscht. Alles, was deine Aufmerksamkeit gefangennimmt, hat die Herrschaft über dich. Deshalb wird jede bedeutsame Entwicklung, die dich deiner Berufung näher bringt, jeden deiner Gedanken, jeden Cent und jede Stunde deines Lebens in Anspruch nehmen.

2. Deine Konzentration auf das Ziel bestimmt, wieviel Energie du freisetzt. Denk einen Augenblick darüber nach. Sagen wir einmal, du bist müde, liegst auf deinem Sofa und siehst fern. Plötzlich klingelt das Telefon. Einer deiner Familienangehörigen ist erkrankt und mußte mit dem Notarztwagen ins Krankenhaus gebracht werden. Legst du dich nach dieser Nachricht wieder hin? Natürlich nicht. Du konzentrierst dich jetzt auf etwas ganz anderes. Du ziehst dich eilends an, springst in dein Auto und fährst zum Krankenhaus. Deine neue Zielrichtung hat neue Energie in dir freigesetzt. Sie bestimmt, wieviel Energie du aufbringst.

3. Worauf du am längsten deinen Blick richtest, wird am stärksten in deinem Leben hervortreten. Der Apostel Paulus hat sich auf seine Zukunft konzentriert:

   *Brüder, ich denke von mir selbst nicht, es ergriffen zu haben; eines aber tue ich: Ich vergesse, was dahinten, strecke mich aber aus nach dem, was vorn ist, und jage auf das Ziel zu, hin zu dem Kampfpreis der Berufung Gottes nach oben in Christus Jesus.*

   Philipper 3, 13–14

4. Wer sich von seinem Ziel abbringen läßt, wird unsicher und unbeständig in allem, was er tut:

   *... ist er doch ein wankelmütiger Mann, unbeständig in allen seinen Wegen.*

   Jakobus 1, 8

5. Nur zielgerichteter Glaube kann Wunder, die durch die Hand Gottes gewirkt werden, hervorbringen:

   *Er bitte aber im Glauben, ohne irgend zu zweifeln; denn der Zweifler gleicht einer Meereswoge, die vom Wind bewegt und hin und her getrieben wird. Denn jener Mensch denke nicht, daß er etwas vom dem Herrn empfangen werde ...*

   Jakobus 1, 6–7

6. Deine Augen bestimmen dein Verlangen. Was du dir über einen längeren Zeitraum ansiehst, wirst du schließlich angehen:

   *Mir bricht das Herz, wenn ich sehe ...*

   Klagelieder 3, 51 (*Hoffnung für alle*)

   Josua, der bemerkenswerte Anführer der Israeliten, hat diese Anweisung Gottes niedergeschrieben:

   *Nur sei recht stark und mutig, daß du darauf achtest, nach dem ganzen Gesetz zu handeln, das mein Knecht Mose dir geboten hat! Weiche nicht davon ab, weder zur Rechten noch zur Linken, damit du überall Erfolg hast, wo immer du gehst! Dieses Buch des Gesetzes soll nicht von deinem Mund weichen, und du sollst Tag und Nacht darüber nachsinnen, damit du darauf achtest, nach alledem zu handeln, was darin geschrieben ist; denn dann wirst du auf deinen Wegen zum Ziel gelangen, und dann wirst du Erfolg haben.*

   Josua 1, 7–8

7. Wenn du deine Bestimmung vollständig erfüllen möchtest, ist es notwendig, daß du dich täglich nach dem Wort Gottes richtest. Gott hatte den Israeliten die Anweisung gegeben, ihre Kinder zu lehren, sie zu trainieren und anzuleiten. Warum? Es ist sein Wort. Lies einmal seine unglaubliche Aufforderung:

*Und ihr sollt diese meine Worte auf euer Herz und eure Seele legen und sie als Zeichen auf eure Hand binden, und sie sollen als Merkzeichen zwischen euren Augen sein. Und ihr sollt sie eure Kinder lehren, indem ihr davon redet, wenn du in deinem Haus sitzt und wenn du auf dem Weg gehst, wenn du dich niederlegst und wenn du aufstehst. Und du sollst sie auf die Pfosten deines Hauses und an deine Tore schreiben …*

5. Mose 11, 18–20

8. Wenn du deine ganze Aufmerksamkeit kontinuierlich dem Wort Gottes schenkst, es hörst und sprichst, wirst du unbesiegbar sein. Aus diesem Grund habe ich in jedem Zimmer meines Hauses Bibelkassetten deponiert. Das erste, was ich jeden Morgen tue, ist, meinen Kassettenrecorder einzuschalten, um mir die Schriftstellen anzuhören, die vorgelesen werden. Sie säubern meine Gedanken, reinigen mein Herz und lenken meine Aufmerksamkeit in die richtige Richtung:

*Kein Mensch wird vor euch bestehen. Schrecken vor euch und Furcht vor euch wird der Herr, euer Gott, auf das ganze Land legen, das ihr betreten werdet, wie er zu euch geredet hat.*

5. Mose 11, 25

9. Wer zielgerichtet ist, wird belohnt:

*… damit eure Tage und die Tage eurer Kinder zahlreich werden in dem Land, von dem der Herr euren Vätern geschworen hat, es ihnen zu geben, wie die Tage des Himmels über der Erde. Denn wenn ihr dieses ganze Gebot, das ich euch zu tun gebiete, treu haltet, indem ihr den Herrn, euren Gott, liebt, auf all seinen Wegen geht und ihm anhängt, dann wird der Herr alle diese Nationen vor euch vertreiben; und ihr werdet Nationen vertreiben, größer und stärker als ihr. Jeder Ort, auf den eure Fußsohle treten wird, wird euch gehören …*

5. Mose 11, 21–24

10. Was du andauernd siehst, wird deine Zielrichtung bestimmen:

    *Ich will keine heillosen Dinge ins Auge fassen; Übertretungen zu begehen, hasse ich; das soll nicht an mir kleben.*
    
    Psalm 101, 3

11. Jeder, der dich von einer gottgegebenen Aufgabe ablenkt, ist dein Feind:

    *Beeile dich, bald zu mir zu kommen! Denn Demas hat mich verlassen, da er den jetzigen Zeitlauf liebgewonnen hat, und ist nach Thessalonich gegangen, Kreszenz nach Galatien, Titus nach Dalmatien.*
    
    2. Timotheus 4, 9–10

12. Deine Freunde sind all diejenigen, die dir helfen, dich auf Gottes Anweisungen für dein Leben zu konzentrieren:

    *Da ich deinem Gehorsam vertraue, habe ich dir geschrieben, und ich weiß, daß du auch mehr tun wirst, als ich sage.*
    
    Philemon 1, 21

## 6 Schlüssel, die dir helfen, an deiner Zielrichtung festzuhalten

1. Sei dir bewußt, daß der Verlust deiner Zielrichtung deine Träume zerstören wird.

   Die Abweichung von deiner Berufung wird eine endlose Reihe von Tragödien und Schicksalsschlägen in deinem Leben verursachen.

2. Übernimm persönliche Verantwortung.

   Sei der Hüter deiner Augen, Ohren und deines Herzens. Niemand außer dir kann sie vollständig beschützen. Du wirst von Gott beschützt werden, wenn du dich Ihm hingibst.

3. Achte darauf, welche Musik und welche Lehren du dir anhörst.

   Was du hörst, bestimmt deine Gefühle. Außerdem bestimmt das, was du hörst, was du fürchtest:

*Und ganz Israel soll es hören, daß sie sich fürchten und in deiner Mitte nicht länger so etwas wie diese böse Sache tun.*

5. Mose 13, 12

4. Laß deinen Lobpreis und die Musik in deinem Zuhause niemals abbrechen.

   Auf meinem Grundstück und in meinem Haus läuft rund um die Uhr Musik. Alle Räume in meinem Haus sind von Musik erfüllt, und jede Minute wird für den Heiligen Geist Musik gespielt und gesungen. Auf meinem knapp 3 Hektar großen Grundstück verteilt, befinden sich insgesamt 24 Lautsprecher. Ich bin fest entschlossen, mein Ziel nicht aus den Augen zu verlieren.

5. Gib falsche Freundschaften auf.

   Falsche Freunde unterstützen und ermutigen dich nicht und schüren auch nicht dein Feuer bei deinem Vorhaben, deine Berufung zu erfüllen. Deshalb begrabe diese Freundschaften. Samson mußte sich nicht mit allen Mädchen verabreden, um die Haare geschnitten zu bekommen. Eine einzige falsche Person reichte aus, um seine Zukunft zu zerstören.

6. Dulde nur solche Beziehungen und erhalte sie aufrecht, die dich in deiner Zielrichtung, deine Berufung zu erfüllen, bestärken.

   Es war schon sehr spät am Abend im Süden Floridas. Der Gottesdienst war zu Ende, und verschiedene Prediger wollten gemeinsam in ein Restaurant gehen. Während wir dort saßen, hörte ich zu, wie sie sich unterhielten. Ich interessiere mich leidenschaftlich für zwei Dinge in meinem Leben: fürs Lernen und Lehren. Und ich brauche ständig beides, um mich wohlzufühlen!

   Ich saß also dort und hörte jedem einzelnen zu, als sie über Ballsport, Politik und Schicksalsschläge redeten. Ich hörte zu in der Erwartung, wertvolle Weisheiten zu erfahren oder Zeuge wichtiger Fragestellungen zu werden. Doch weder das eine noch das andere traf ein. Ich versuchte sogar einige Male, die Unterhaltung in eine andere Richtung zu lenken, doch meine Bemühungen wurden ignoriert. Der Mittelpunkt war nicht der Heilige Geist, und ich war zu müde, um die Unterhaltung in die angemesssenen Bahnen zu lenken. Deshalb stand ich ruhig auf und sagte: „Ich muß gehen. Gott segne euch alle." Dann ging ich weg. Ich wünschte mir, ich hätte jeden Tag meines Lebens den Mut, so zu handeln.

***Zielgerichtetheit ist der Hauptschlüssel zur goldenen Tür des Erfolgs.***

# Tatsache 5

## Deine Berufung erfordert Zeit

### Zeit ist die Währung der Erde

Deine Berufung wird Zeit kosten – mehr Zeit, als dir bewußt ist. Sie wird eine Vorbereitungszeit erfordern; Überwindungsphasen; scheinbar unbedeutende Phasen; Phasen des intensiven Nachdenkens; bewegte Phasen. Und natürlich auch Zeiten des Kampfes.

So wie der Peso die Währung in Mexiko ist, so ist der Dollar in den Vereinigten Staaten und der Franc in Frankreich die gängige Währung. Die Währung der Erde ist ZEIT.

Gott benutzt Zeit, um seine Ziele auf der Erde zu erreichen. Er macht Gebrauch von der Zeit, um die Samen von innerer Größe sprossen zu lassen, die Er in den Boden der Menschheit pflanzt.

Denke über folgendes nach: Gott hat dir keine Freunde gegeben. Er hat dir Zeit gegeben, und du hast diese Zeit in Menschen investiert und Freundschaften entwickelt. Er hat dir auch kein Geld gegeben. Um es noch einmal zu sagen, Er hat dir Zeit gegeben. Und du hast deine Zeit in Geldscheine umgewandelt, die du von deinem Arbeitgeber erhalten hast.

Mose wurde 80 Jahre lang von Gott ausgebildet, bevor er der großartige Befreier wurde. Jesus investierte 30 Jahre, und dann erst begann Er mit seinem Dienst auf der Erde, der dreieinhalb Jahre dauerte.

> *Für alles gibt es eine bestimmte Stunde. Und für jedes Vorhaben unter dem Himmel gibt es eine Zeit: Zeit fürs Gebären*

In gewisser Hinsicht kannst du deine Zukunft niemals sehen. Wenn du dort nämlich ankommst, nennst du sie „heute".

*und Zeit fürs Sterben, Zeit fürs Pflanzen und Zeit fürs Ausreißen des Gepflanzten, Zeit fürs Töten und Zeit fürs Heilen, Zeit fürs Abbrechen und Zeit fürs Bauen, Zeit fürs Weinen und Zeit fürs Lachen, Zeit fürs Klagen und Zeit fürs Tanzen, Zeit fürs Steinewerfen und Zeit fürs Steinesammeln, Zeit fürs Umarmen und Zeit fürs sich Fernhalten vom Umarmen, Zeit fürs Suchen und Zeit fürs Verlieren, Zeit fürs Aufbewahren und Zeit fürs Wegwerfen, Zeit fürs Zerreißen und Zeit fürs Zusammennähen, Zeit fürs Schweigen und Zeit fürs Reden, Zeit fürs Lieben und Zeit fürs Hassen, Zeit für Krieg und Zeit für Frieden ... Alles hat er schön gemacht zu seiner Zeit, auch hat er die Ewigkeit in ihr Herz gelegt, nur daß der Mensch das Werk nicht ergründet, das Gott getan hat, vom Anfang bis zum Ende.*

Prediger 3, 1–8; 11

## Für wahre Größe mußt du mit der irdischen Währung – mit Zeit – bezahlen

- Es braucht ZEIT, eine starke Beziehung zu deinem Mentor zu entwickeln.
- Es braucht ZEIT, um sich einen guten Ruf, der für Integrität bürgt, zu verschaffen.
- Es braucht ZEIT, sich sorgfältig eine finanzielle Grundlage für eine großartige Zukunft zu schaffen.
- Es braucht ZEIT, bis du aus einer kritischen Situation in deinem Leben eine Lehre gezogen hast.
- Es braucht ZEIT, bis du wiederhergestellt bist, wenn du einen groben Fehler begangen hast.

*Laßt uns aber im Gutestun nicht müde werden! Denn zur bestimmten Zeit werden wir ernten, wenn wir nicht ermatten.*

Galater 6, 9

Irgend jemand hat einmal sehr trefflich bemerkt, daß man keine Zeit sparen kann, sondern daß man einfach lernen muß, seine Zeit weise zu investieren:

> *Kauft die rechte Zeit aus! Denn die Tage sind böse.*
>
> Epheser 5, 16

## Richte deine Aufmerksamkeit darauf, den Tag vollkommen zu gestalten

Du verstehst sicherlich, daß du in gewisser Hinsicht deine Zukunft niemals sehen kannst. Wenn du dort nämlich ankommst, nennst du sie „heute". Gestern ist vorbei, und morgen ist noch nicht da.

- *Gestern* ist gestorben.
- *Morgen* wird erst noch geboren.
- *Heute* ist die Zeit, in der sich dein Leben abspielt.

## Wenn du deine Zeit optimal ausnutzen möchtest, dann halte dich an diese 9 Regeln

1. Plane die nächsten 24 Stunden sorgfältig.
2. Konzentriere dich darauf, aus jeder Stunde produktive 60 Minuten zu machen.
3. Plane eine Stunde ein, in der du dich der Weisheit widmest (das Wort Gottes liest).
4. Plane eine weitere Stunde dafür ein, dich dem Heiligen Geist zu widmen, Rat zu bekommen und in Gottes „Versteck" zu beten (Ps. 91, 1).
5. Plane eine Stunde für die Pflege deiner Gesundheit ein. Treibe täglich Sport.
6. Investiere eine Stunde dafür, den „Kreis deiner Lieben" zu betreuen, anzuleiten und zu ermutigen. Das sind die Menschen, die du liebst und die an deiner Berufung beteiligt sind.

7. Gönne dir eine Stunde, in der du dich ausruhst. (Das kann ein Nickerchen sein oder einfach nur Entspannung, während du dir eine halbe Stunde lang die Nachrichten anschaust. Es soll eine Zeit sein, in der du dich erholst.)

8. Achte darauf, wer sich dir nähert. Prüfe diejenigen, die die Arena deines Lebens betreten. Sie müssen entweder etwas wollen, das du besitzt, oder etwas besitzen, das du haben möchtest.

9. Entrümple dein Leben, indem du deinen Tag entrümpelst. Streiche alle Aktivitäten, die Gott dir nicht ausdrücklich aufgetragen hat.

Wenn du gelernt hast, einen Tag vollkommen zu gestalten, kannst du dasselbe mit jeder Stunde deines Leben tun. Und wenn du gelernt hast, über deine Zeit zu bestimmen, wird die Frucht der Geduld eine machtvolle Tugend in deinem Leben werden.

Geduld ist die Kraft, die den Glauben produktiv macht. Der Geduld Gottes sind Millionen erretteter Menschenleben zu verdanken. Er war bereit, geduldig einen Weg in dein Leben zu bahnen, bis du Ihn als vertrauenswürdig erachtet und seine Autorität in deinem Leben akzeptiert hast. Und Er wartet geduldig solange, bis du seine Berufung für dein Leben angenommen hast.

- Nimm dir deshalb die ZEIT, deine Berufung zu *entdecken.*
- *Investiere* dann die notwendige ZEIT, sie zu erfüllen.

***Geduld ist oftmals ebenso machtvoll wie Glaube.***

# Tatsache 6

## Die Erfüllung deiner Berufung bedarf einer Vorbereitungszeit

### Du bist nicht qualifiziert geboren worden – deshalb mußt du dir die nötigen Qualifikationen aneignen

Wenn du erst einmal erkannt hast, daß die Erfüllung deiner Berufung Zeit braucht, solltest du dich darauf einstellen. Sei bereit für Gottes Zeitphasen.

Schau dir das Leben des Mose an. Er verbrachte die ersten 40 Jahre seines Lebens damit, die Weisheit Ägyptens zu erlernen:

> *Und Mose wurde unterwiesen in aller Weisheit der Ägypter; er war aber mächtig in seinen Worten und Werken. Als er aber ein Alter von vierzig Jahren erreicht hatte, kam es in seinem Herzen auf, nach seinen Brüdern, den Söhnen Israel, zu sehen.*
>
> Apostelgeschichte 7, 22–23

Dann folgten weitere 40 Jahre, in denen er lernte, das Leiterschaft und das Priesteramt auszuüben:

> *Mose aber weidete die Herde Jitros, seines Schwiegervaters, des Priesters von Midian. Und er trieb die Herde über die Wüste hinaus und kam an den Berg Gottes, den Horeb.*
>
> 2. Mose 3, 1

> *Als vierzig Jahre verflossen waren, erschien ihm in der Wüste des Berges Sinai ein Engel in der Feuerflamme eines Dorn-*

*busches. Als aber Mose es sah, wunderte er sich über die Erscheinung; während er aber hinzutrat, sie zu betrachten, erging die Stimme des Herrn …*

Apostelgeschichte 7, 30–31

Mose war 80 Jahre lang ein Untergebener. In den ersten 40 Jahren seines Lebens war er ein General in der ägyptischen Armee. Und in seinen zweiten 40 Jahren hütete er als Hirte Hunderte von Schafen.

Bereite dich auf Gottes Zeitphasen vor.

## Vorbereitung. Vorbereitung. Vorbereitung. Betrachte das Leben Jesu!

Jesus bereitete sich 30 Jahre lang auf seinen Dienst vor:

*… als aber die Fülle der Zeit kam, sandte Gott seinen Sohn, geboren von einer Frau, geboren unter Gesetz, damit er die loskaufte, die unter Gesetz waren, damit wir die Sohnschaft empfingen.*

Galater 4, 4–5

*[Es geschah aber, daß] … der Heilige Geist in leiblicher Gestalt wie eine Taube auf ihn herabstieg und eine Stimme aus dem Himmel kam: Du bist mein geliebter Sohn, an dir habe ich Wohlgefallen gefunden. Und er selbst, Jesus, war ungefähr dreißig Jahre alt …*

Lukas 3, 22–23

Heutzutage scheinen sich diese Dinge für junge Diener Gottes völlig anders zu verhalten. Ein junger Prediger möchte sich im Durchschnitt dreieinhalb Jahre auf einen 30jährigen Dienst vorbereiten. Jesus dagegen tat genau das Gegenteil. Er bereitete sich 30 Jahre lang auf seinen Dienst in der Öffentlichkeit vor, der dreieinhalb Jahre dauerte.

## Schau dir das Leben des Apostels Paulus an

Er war ein Pharisäer, und er war der Sohn eines Pharisäers (Apg. 23, 6). Er hatte viele Jahre in die Vorbereitung auf den Eintritt in die geistige Elite seiner Generation investiert:

> *... obwohl auch ich Vertrauen auf Fleisch haben könnte. Wenn irgendein anderer meint, auf Fleisch vertrauen zu können – ich noch mehr: Beschnitten am achten Tag, vom Geschlecht Israel, vom Stamm Benjamin, Hebräer von Hebräern; dem Gesetz nach ein Pharisäer; dem Eifer nach ein Verfolger der Gemeinde; der Gerechtigkeit nach, die im Gesetz ist, untadelig geworden.*
>
> Philipper 3, 4–6

Und doch hatte diese Vorbereitung nicht ausgereicht:

> *Aber was auch immer mir Gewinn war, das habe ich um Christi willen für Verlust gehalten ...*
>
> Philipper 3, 7

Gott schickte ihn noch weitere 3 Jahre auf die Schule:

> *Ich ging auch nicht nach Jerusalem hinauf zu denen, die vor mir Apostel waren, sondern ich ging sogleich fort nach Arabien und kehrte wieder nach Damaskus zurück. Darauf, nach drei Jahren, ging ich nach Jerusalem hinauf, um Kephas kennenzulernen, und blieb fünfzehn Tage bei ihm.*
>
> Galater 1, 17–18

Und Paulus lehrte später andere die vierzehn verschiedenen Lebensphasen des Dienstes.

1. Zeiten des Leids:

> *... sondern leide mit für das Evangelium nach der Kraft Gottes ...*
>
> 2.Timotheus 1, 8

> *Es war gut für mich, daß ich gedemütigt wurde, damit ich deine Ordnungen lernte.*
>
> Psalm 119, 71

2. Zeiten der Einsamkeit:

> *... voll Verlangen, dich zu sehen – eingedenk deiner Tränen – um mit Freude erfüllt zu werden.*
>
> 2. Timotheus 1, 4

3. Zeiten des Kämpfens:

   *Nimm teil an den Leiden als ein guter Streiter Christi Jesu! Niemand, der Kriegsdienste leistet, verwickelt sich in die Beschäftigungen des Lebens, damit er dem gefalle, der ihn angeworben hat.*

   2. Timotheus 2, 3–4

4. Zeiten des Ausharrens:

   *… wenn wir ausharren, werden wir auch mitherrschen; wenn wir verleugnen, wird auch er uns verleugnen …*

   2. Timotheus 2, 12

5. Zeiten des Lernens:

   *Strebe danach, dich Gott bewährt zur Verfügung zu stellen als einen Arbeiter, der sich nicht zu schämen hat, der das Wort der Wahrheit in gerader Richtung schneidet!*

   2. Timotheus 2, 15

6. Zeiten der fleischlichen Begierden:

   *Die jugendlichen Begierden aber fliehe, strebe aber nach Gerechtigkeit, Glauben, Liebe, Frieden mit denen, die den Herrn aus reinem Herzen anrufen.*

   2. Timotheus 2, 22

7. Zeiten der Streitigkeiten:

   *Aber die törichten und ungereimten Streitfragen weise ab, da du weißt, daß sie Streitigkeiten erzeugen! Ein Knecht des Herrn aber soll nicht streiten, sondern gegen alle milde sein, lehrfähig, duldsam …*

   2. Timotheus 2, 23–24

8. Zeiten der Verfolgung:

   *… meinen Verfolgungen, meinen Leiden, die mir in Antiochia, in Ikonion, in Lystra widerfahren sind. Diese Verfolgungen ertrug ich, und aus allen hat der Herr mich gerettet. Alle aber*

*auch, die gottesfürchtig leben wollen in Christus Jesus, werden verfolgt werden.*

2. Timotheus 3, 11–12

9. Zeiten der Prüfungen:

*Du aber sei nüchtern in allem, ertrage Leid, tu das Werk eines Evangelisten, vollbringe deinen Dienst [bewähre dich im Dienst]!*

2. Timotheus 4, 5

10. Zeiten des Treuebruchs:

*Denn Demas hat mich verlassen, da er den jetzigen Zeitlauf liebgewonnen hat, und ist nach Thessalonich gegangen …*

2. Timotheus 4, 10

11. Zeiten der Ungerechtigkeit:

*Alexander, der Schmied, hat mir viel Böses erwiesen; der Herr wird ihm vergelten nach seinen Werken.*

2. Timotheus 4, 14

12. Zeiten des Alleingelassenseins:

*Bei meiner ersten Verteidigung stand mir niemand bei, sondern alle verließen mich; es werde ihnen nicht zugerechnet.*

2. Timotheus 4, 16

13. Zeiten des übernatürlichen Eingreifens Gottes:

*Der Herr aber stand mir bei und stärkte mich, damit durch mich die Predigt vollbracht werde und alle die aus den Nationen hören möchten …*

2. Timotheus 4, 17a

14. Zeiten der Rettung:

*… und ich bin gerettet worden aus dem Rachen des Löwen. Der Herr wird mich retten von jedem bösen Werk und mich in sein himmlisches Reich hineinretten. Ihm sei die Herrlichkeit von Ewigkeit zu Ewigkeit! Amen.*

2. Timotheus 4, 17b–18

Wenn man den Lebensbericht des Paulus in der Apostelgeschichte und seine Briefe an die Gemeinden liest, fällt auf eindrucksvolle Weise auf, daß er in jeder der von ihm erwähnten Zeiten den vollständigen SIEG errang – ganz gleich, um welche Lebensphase es sich handelte.

> *Aber in diesem allen sind wir mehr als Überwinder durch den, der uns geliebt hat.*
>
> Römer 8, 37

Hast du mal den Film *Karate Kid* gesehen? Er enthält einige sehr lehrreiche Lektionen. Die Geschichte handelt von einem Jungen, der unbedingt einen Kampfsport erlernen möchte. Sein alter Lehrer möchte ihm diese Kunst auch sehr wohl beibringen. Doch statt sich umzuziehen und in den Ring zu steigen, wartet er erst einmal ab und drückt dem jungen Mann einen Pinsel in die Hand. Dann fordert er ihn auf, seinen Zaun zu streichen. Der junge Mann ist zwar entmutigt, doch er befolgt die Anweisung seines Lehrers.

Der entmutigte, desillusionierte und sehr enttäuschte Junge konnte keinen Zusammenhang zwischen dem Streichen eines Zauns und dem Kämpfen im Ring erkennen. Als er schließlich fertig war, trug ihm sein Lehrer auf, dessen Auto zu waschen und zu wachsen. Während seine Handfläche in kreisender Bewegung über das Auto glitt, fühlte er sich sehr niedergedrückt und dachte: „Was soll mir das in der Zukunft nützen? Wie soll mich das meinem Ziel, ein großer Kämpfer zu werden, näherbringen?"

Doch während der Junge verwirrt und verzweifelt seine Arbeit verrichtete, wußte der ältere und weise Mann, daß jede dieser Bewegungen die Hände seines Schülers in die Hände eines Kämpfers verwandeln würden. Die Tatsache sollte der junge Mann erst sehr viel später begreifen – und dann ergab plötzlich alles einen Sinn.

Ebenso wie der Junge in *Karate Kid* kann ich auf viele Phasen in meinem 50jährigen Lebens zurückblicken, in denen ich mich unwissend fühlte und den Sinn und Zweck des betreffenden Lebensabschnittes nicht erkennen konnte. Oftmals fragte ich mich in solchen Zeiten: „Wie kann diese Situation dazu beitragen, daß Gott verherrlicht wird?“ Doch heute sehe ich, wie Er auf göttliche Weise eingegriffen hat. Er hat mir soviel beigebracht.

Vergiß niemals, daß dein himmlischer Vater weiß, was Er mit deinem Leben macht:

> *Er aber kennt meinen Weg; er prüfe mich, so werde ich wie Gold hervorgehen!*
>
> Hiob 23, 10 (*Schlachter*)

Manchmal wirst du seine Gegenwart gar nicht bemerken:

> *Siehe, gehe ich nach vorn, so ist er nicht da, nach hinten, so bemerke ich ihn nicht, nach links, sein Tun schaue ich nicht, biege ich ab nach rechts, so sehe ich ihn nicht.*
>
> Hiob 23, 8–9

Ja, es wird sogar Zeiten geben, in denen du gezüchtigt werden wirst:

> *Denn wen der Herr liebt, den züchtigt er; er schlägt aber jeden Sohn, den er aufnimmt … Alle Züchtigung scheint uns zwar für die Gegenwart nicht Freude, sondern Traurigkeit zu sein; nachher aber gibt sie denen, die durch sie geübt sind, die friedvolle Frucht der Gerechtigkeit.*
>
> Hebr. 12, 6; 11

Nimm also die gegenwärtige Lebensphase, die Gott für dich bestimmt hat, bereitwillig und voller Erwartung an. Zieh jeden erdenklichen Nutzen daraus:

> *Darum „richtet auf die erschlafften Hände und die gelähmten Knie“ …*
>
> Hebräer 12, 12

Du wirst nicht im Feuerofen verbrennen:

> *Wenn ich auch mitten in Bedrängnis wandeln muß – du belebst mich. Gegen den Zorn meiner Feinde wirst du deine Hand ausstrecken, und deine Rechte wird mich retten.*
>
> Psalm 138, 7

Du wirst vollkommen gemacht, um deine Berufung erfüllen zu können:

*Der Herr wird's für mich vollenden.*

Psalm 138, 8

***Dein Erfolg ist unvermeidlich.***

# Tatsache 7

# Was du liebst, ist ein Hinweis darauf, welche Begabungen, Talente und Weisheit du besitzt

## Du bist einzigartig

Du besitzt bestimmte Qualitäten, besondere Begabungen und wertvolle Eigenschaften, die dich einzigartig machen. Sie unterscheiden dich von der Masse.

Was sind also die Dinge, die dich einzigartig machen? Worüber redest du am liebsten? Für welche Themen kannst du dich so richtig begeistern? Ich habe meine Mitarbeiter vor kurzem gefragt: „Wenn man jedem Menschen auf der Erde für seine Arbeit 10 Euro in der Stunde bezahlen würde, ganz gleich, welche Tätigkeit er verrichtet, was würdest du dann tun? Wenn du dich beispielsweise entschließen würdest, Hausmeister zu werden, würdest du dafür 10 Euro pro Stunde bekommen. Und wenn du dich entscheiden würdest, Herzchirurg zu werden, würdest du auch nur 10 Euro in der Stunde erhalten. Was würdest du am liebsten tun, wenn der finanzielle Aspekt keine Rolle mehr spielen würde?“ Dann fügte ich hinzu: „Wenn du das herausgefunden hast, DANN HAST DU DEINE BERUFUNG ENTDECKT.“

## Liebe bringt Weisheit hervor

Laß mich diese Aussage erklären. Wenn du Kinder liebst, wird sich in dir eine gewisse Weisheit im Umgang mit Kindern entwickeln, die zunehmen wird. Du wirst anfangen, die kindlichen Ängste, Bekümmernisse und Wünsche zu verstehen.

Wenn du Tiere liebst, wirst du ein Gespür für ihr Verhalten und ihre Lebensweise entwickeln, du wirst ein besonderes Wissen dafür bekommen. Du wirst nachempfinden können, was Tiere fühlen.

Dasselbe läßt sich auf die Ehe übertragen: Wenn du in diesem Bereich Weisheit brauchst, muß zunächst eine Liebe zu deinem Ehepartner entstehen. Aus dieser Liebe wird dann Weisheit resultieren. Liebe bringt Weisheit hervor. Wenn du etwas liebst, entsteht in dir außergewöhnliche Beharrlichkeit, Entschlossenheit und Ausdauer.

*Finde heraus, was du wirklich und nachhaltig liebst, dann richte deinen Tagesablauf danach aus.*

Kürzlich habe ich einen interessanten Bericht über einen Läufer gelesen, der als Jugendlicher an einer schweren Krankheit gelitten hatte. Seine Ärzte waren davon überzeugt, daß er nie wieder gehen können würde. Doch in seinem Inneren regte sich eine besondere Kraft. Laufen war seine Leidenschaft.

Diese Liebe zum Laufen erzeugte in ihm Entschlossenheit, und so gewann er letztendlich sogar eine Goldmedaille bei den Olympischen Spielen.

Liebe ist stärker als Krankheit. Sie ist stärker als jedes Leiden. Sie ist stärker als Armut.

Finde also heraus, was du wirklich und nachhaltig liebst, dann richte deinen Tagesplan danach aus.

Mose liebte Menschen. Als er sah, wie ein Ägypter einen seiner Landsleute, einen Israeliten, schlug, reagierte er sofort. Getrieben von seinem Sinn für Gerechtigkeit, brachte er den Ägypter um. Bedauerlicherweise! Denn es zog die Erfüllung seiner Berufung hinaus. Doch die Liebe Moses zu seinen Landsleuten war ein Hinweis auf seine Berufung, ein Befreier zu sein. Er reagierte auf die Hilfeschreie der

Israeliten. Sie rührten sein Herz an. Er hatte tiefes Erbarmen. Und weil Mose Menschen liebte, war er auch fähig, ein Anführer zu sein. Die Menschen folgten ihm. Ja sie beklagten sich, sie jammerten und meckerten – aber sie hatten ihren Anführer gefunden.

Abraham liebte den Frieden. Er haßte Konflikte. Als Gott beschlossen hatte, Sodom und Gormorra zu zerstören, übernahm Abraham die Rolle des Fürbitters und Vermittlers für seinen Neffen Lot, der in dieser verkommenen Stadt lebte. Deshalb konnten Lot und seine Töchter in Sicherheit gebracht werden, bevor Sodom und Gormorra zerstört wurden. Sie wurden gerettet, weil Abraham eine sehr kostbare Eigenschaft besaß: Er liebte den Frieden. Und Gott belohnte ihn dafür. Abrahams Liebe zum Frieden verhalf ihm zu der Weisheit, die er brauchte, um ihn zu erringen.

Vor kurzem besuchte ein enger Freund von mir unseren Dienst und lehrte über ein besonderes Thema. Er gab uns ein Persönlichkeitsprofil, das uns helfen sollte, unsere größten Begabungen zu entdecken. Er zeigte uns, wie man das Leben biblischer Personen studieren und sich mit ihnen identifizieren kann. Kaum etwas anderes ist wichtiger, als das zu tun. Du mußt herausfinden, was dich wirklich bewegt und dein Leben dahingehend ausrichten. Dieser Gottesdienst war ein großer Segen für uns alle.

Es ist klug, wenn wir unsere Fehler erkennen und ändern. Doch es ist weitaus klüger, Gottes Berufung vollständig zu akzeptieren und anzunehmen, denn dadurch erlauben wir, daß unser wahres Ich gestärkt wird.

Ich habe schon oft gehört, wie man schüchterne Menschen eindringlich aufgefordert hat: „Du mußt mehr reden!“ Und einer anderen Person, die sehr gesprächig war, haben dann genau dieselben Leute gesagt: „Sei still! Setz dich einfach hin und hör zu!“ Jugendliche ermahnen wir gerne, sie sollen „das Leben ernster nehmen“, bevor wir dann den Älteren raten, „nicht so ernst zu sein und alles ein bißchen lockerer zu sehen.“

Deshalb begreife bitte, daß du einzigartig bist, und laß dich nicht von dem abbringen, wie Gott dich von deinem Wesen her geschaffen hat. Erkenne deine Begabungen. Nenne deine Berufung beim Namen. Richte deinen Tagesablauf danach aus. Das, worin du begabt bist, solltest du tun!

***Das, was du von ganzem Herzen und am meisten liebst, ist ein Hinweis auf eine wunderbare Gabe und Eigenschaft, die du besitzt.***

# Tatsache 8

## Was dich betrübt, ist ein Hinweis darauf, daß du berufen bist, es zu heilen

### Tränen sprechen

Was dich zum Weinen bringt, ist ein Hinweis darauf, daß du von Gott dazu erschaffen worden und berufen bist, es zu heilen. Erbarmen ist ein Wegweiser.

Was betrübt dich? Frauen, die geschlagen werden? Mißbrauchte und sexuell belästigte Kinder? Unwissenheit? Krankheit? Armut? Pornographie? Homosexualität? Abtreibung? Nenne es beim Namen. Sei ehrlich zu dir selbst. Daß du dich dafür interessierst, qualifiziert dich dazu, die Angelegenheit zu ändern und in Ordnung zu bringen.

Wenn du über etwas Tränen vergießen kannst, ist das ein Hinweis darauf, daß Gott dich gesalbt hat, dieses Problem in Angriff zu nehmen, um es zu beseitigen und Abhilfe zu schaffen. Nehmen wir zum Beispiel Nehemia. Es brach ihm das Herz, daß die Mauern Jerusalems niedergerissen worden waren. Er konnte deswegen nachts nicht schlafen. Er hatte keine Ruhe mehr, und er weinte stundenlang.

Alles in Nehemia verlangte danach, dafür zu fasten und zu beten, daß er vom König Briefe für die Statthalter und all die anderen Beamten erhalte, die ihm dabei helfen konnten, die Mauern Jerusalems wieder aufzubauen. Und er war nur allzugerne bereit, sein Leben zu ändern, um sein Anliegen zu verwirklichen.

Oder nehmen wir Esra. Sein Herz war gebrochen wegen des Tempels in Jerusalem. Er konnte keine Ruhe finden, er weinte und schluchzte. Er las dem Volk Schriftstellen vor. Er wußte, daß die Gegenwart Gottes das einzige Heilmittel für verletzte Menschen war. Er hatte erkannt, daß Orte eine große Rolle spielten und daß Gott diejenigen ehren und belohnen würde, die ein Anbetungszentrum in der Stadt errichten würden. Diese Empfindungen waren die Wegweiser für Esras Berufung.

*Was dich zum Weinen bringt, ist ein Hinweis darauf, daß du von Gott dazu erschaffen worden und berufen bist, es zu heilen.*

Unsere heutige Gesellschaft ist verrückt. Achte einmal darauf, wie die Alkoholindustrie dafür gesorgt hat, daß ihre Werbung auf jeder Plakatwand in unseren Sportstadien klebt. Oder wenn du eine Illustrierte liest, wirst du dort jede Menge Werbung für alkoholische Getränke entdecken. Dabei hat der Alkohol mehr Menschen auf unseren Straßen und Autobahnen das Leben gekostet, als im gesamten Vietnamkrieg gefallen sind.

Jemand hat einmal gesagt, daß mehr unserer Kinder aufgrund von Alkoholismus gestorben sind, als in allen großen Kriegen zusammengerechnet. Trotzdem empören sich alle über die Schrecken des Krieges, während sie an der Bar ihren Cocktail nippen.

Eines Tages wird Gott noch einmal einen Helden wie Billy Sunday auf der Bildfläche erscheinen lassen. Jemand, der es satt hat, darüber zu weinen, daß der Schädel eines Kinder auf einer Autobahn zermalmt wird. Jemand, der über sinnlose Todesfälle so erschüttert sein wird, daß seine Berufung, wie die Billy Sundays, unverkennbar sein wird. Dann wird seine Bestimmung wie im Fall Esra oder Nehemia zu einer Leidenschaft werden, und er wird einen Krieg anzetteln … einen heiligen Krieg, der das Leben von Tausenden retten und die gebrochenen Menschen dieser Generation heilen wird.

Hast du wegen finanziellem Ruin und Verschuldung stundenlang geweint? Denk einmal an die vielen Familien in Amerika oder Deutschland, die kein Geld haben, weil der Vater Alkoholiker ist. Denk an die Kinder, die ihre Schulausbildung nicht beenden können, weil zuviel Geld für Alkohol ausgegeben wird. Bringt es dich zum Weinen, wenn du obdachlose Kinder siehst? Tränen sind ein Hinweis darauf, in welchem Bereich dich Gott am meisten benutzen möchte.

Oh, es gibt viele Dinge, die in uns Begeisterung hervorrufen. Aber was betrübt dich? Was macht dich traurig? Was bringt dich zum Weinen? Beobachte dich! Tränen sind Hinweise auf die Art deiner Berufung.

***Wo du am meisten Schmerz empfindest, ist ein Hinweis darauf, was du am besten heilen kannst.***

# Tatsache 9

## Was du haßt, ist ein Hinweis darauf, daß du berufen bist, es zu verändern

### Zorn ist Energie, Kraft und Fähigkeit

Weil Zorn ein Potential an Kraft enthält, ist es notwendig, daß er das richtige Ziel ansteuert. Hast du dich schon einmal darüber gewundert, daß andere sich über eine Situation nicht ärgerten, die dich beinahe zur Weißglut brachte? Bestimmt hast du das. Das ist ein Hinweis auf deine Berufung.

Wiederum ist Mose ein hervorragendes Beispiel. Er haßte Sklaverei. Als er sah, daß ein Ägypter einen Israeliten schlug, wurde er zornig. Warum? Weil er dazu berufen war, ein Befreier zu sein.

### Schärfe dir diese 3 Weisheiten ein

1. Du kannst nicht verändern, was du nicht angehst.
2. Was du zuläßt, wird bleiben.
3. Erlaubtes Verhalten bedeutet anhaltendes Verhalten.

Ich habe eine ganz besondere Liebe zur Weisheit. Und ich hasse Unwissenheit. Ich selbst habe schon Seminare besucht, in denen Schriftstellen falsch zitiert, die Wahrheit verdreht und falsche Lehre vermittelt wurden. Trotzdem sitzen zu bleiben und nichts dagegen zu unternehmen, war mir fast nicht möglich.

Du kannst etwas nicht wirklich ändern oder korrigieren, wenn du nicht einen gottgegebenen Haß dafür empfindest, ganz gleich, ob es sich nun um Krankheit, Ungerechtigkeit, rassistische Vorurteile, Armut, Scheidung oder Abtreibung handelt.

*Zielgerichteter Zorn ist oftmals der Auslöser für eine wunderbare Veränderung.*

In unserer Welt laufen viele Dinge verkehrt. Doch sie werden sich nie ändern, wenn nicht irgend jemand sich so sehr darüber ärgert, daß er aufsteht und etwas dagegen unternimmt.

Abtreibung, beispielsweise, ist stillschweigend akzeptiert worden, obwohl sie ein verheerendes Zeichen für den moralischen Werteverfall unserer Gesellschaft ist. Bisher scheint es keinen wirklich ausdrucksstarken Sprecher zu geben, der fähig wäre, das Blatt zu wenden, wobei ich Gott für all diejenigen dankbar bin, die bemerkenswerte Anstrengungen in diese Richtung unternehmen.

## Überzeugte sind überzeugend

Ich habe Gott oft gebeten, Er möge uns jemanden mit einem brennenden Verlangen geben, der sich erfolgreich für die noch nicht geborenen Kinder einsetzt. Ich habe Gott gebeten, einen militanten, intelligenten, leidenschaftlichen Glaubenseiferer zu schicken, der in meiner Generation das Wort Gottes mit dem Geschenk des Lebens verknüpft – jemanden, der leidenschaftlich und feurig ist.

## Du könntest derjenige sein

Ich rede nicht davon, irgendwelche Abtreibungskliniken in die Luft zu sprengen oder diejenigen umzubringen, die Babys abtreiben.

Was ich meine, ist Salbung, ein Mantel, eine Berufung – jemand, der sich aufmacht, um seine Berufung in dieser Generation zu erfüllen, nämlich herauszufordern, zu verändern und die Saat der Rebellion, die überall um uns herum aufgeht, zu überwinden.

Dein Zorn ist wichtig. Sehr wichtig. Deshalb ignoriere ihn nicht. Satan fürchtet deine Wut. Ein zorniger Mensch ist ein erweckter Mensch, der die Einstellung anderer ändern kann.

***Zielgerichteter Zorn ist oftmals der Auslöser für eine wunderbare Veränderung.***

# Tatsache 10

# Deine Berufung ist ortsgebunden

## Orte spielen eine Rolle

Vor einiger Zeit erzählte mir ein Prediger, mit dem ich befreundet bin, eine interessante Geschichte. „Mike“, sagte er, „als ich etwa 160 Kilometer von Dallas entfernt wohnte, hatte ich mittelmäßigen Erfolg … nichts Besonderes. Doch von dem Augenblick an, als ich nach Dallas umgezogen war, stieg die Zahl der Besucher unserer Gemeinde explosionsartig an. Ich wußte sofort, daß ich zur richtigen Zeit am richtigen Ort war.“

Bevor Gott Menschen schuf, schuf Er Lebensräume. Wo du bist, ist deshalb ebenso wichtig, wie, was du bist.

## Wo du bist, bestimmt, was in dir wächst

Sowohl deine Schwächen als auch deine Stärken benötigen ein bestimmtes Klima. Jesus wußte, daß Orte eine Rolle spielten: „Er mußte aber durch Samaria ziehen“ (Joh. 4, 4). Er hätte hinzufügen können: „Weil dort eine Frau ist, die mich braucht und die die ganze Stadt erreichen wird!“

Lies den Bericht über die Samariterin in Johannes 4, 1–42 sorgfältig, und du wirst erfahren, daß Jesus wußte, daß diese eine Frau Ihn genau an diesem Tag brauchte.

Als Mose um das Gebirge Seir herumging, sprach Gott zu ihm und sagte: „Lange genug habt ihr dieses Gebirge umzogen. Wendet euch nach Norden!“ (5. Mo. 2, 3).

Jona erhielt die Anweisung, nach Ninive zu gehen. Doch er war rebellisch, und heute kennt die ganze Welt Jonas Tagebuchbericht über seinen Besuch der „Wal-Universität"!

Abraham war von Gott aufgefordert worden, das Haus seines Vaters in Ur, der Stadt der Chaldäer, zu verlassen, um in ein unbekanntes Land zu gehen.

Rut verließ Moab und kehrte mit ihrer Schwiegermutter Noomi nach Bethlehem zurück, wo sie Boas kennenlernte!

*Wo du bist, ist ebenso wichtig, wie, was du bist.*

Ester war bei Mordechai aufgewachsen. Doch als Gott sie segnen wollte, brachte Er sie in den Palast.

500 Menschen hatten von Jesus die Anweisung erhalten, sich im Obergemach zu versammeln. Nur 120 davon gehorchten, und nur 120 empfingen den versprochenen Segen.

Du kannst nicht die falsche Arbeit für den falschen Chef tun, nicht 38,5 Stunden in der Woche die falschen Dinge tun und dich dann wundern, warum 2 Stunden Gemeindebesuch in der Woche dein Leben nicht verändern! Ich hoffe deshalb, daß du jetzt verstehst, welch entscheidende Rolle der Ort in jeder Erfolgsstory spielt.

## Gott wird dich nicht überall, wo du hingehst, segnen

Er wird dich jedoch segnen, wenn du bereit bist, überall hinzugehen, um Ihm zu gehorchen und zu gefallen. Ja, es stimmt: Wo du bist, bestimmt, was in dir wächst, ob es Unkraut oder Blumen sind, Stärken oder Schwächen.

Ist dir schon einmal aufgefallen, daß du über eine andere Art von Witzen lachst, wenn du in der Gesellschaft gewisser Freunde bist? Hast du bemerkt, daß das Thema einer Unterhaltung davon abhängt, mit wem du zusammen bist?

## 2 geographische Schlüsselelemente

1. **Es hängt von deinem Aufenthaltsort ab, wer dich siehst.**

   Diejenigen, die dich sehen, entscheiden darüber, welche Gunst dir zuteil wird. Und niemand erlangt Gunst, wenn er nicht GESEHEN wird. Joseph wurde erst befördert, nachdem der Pharao ihn entdeckt hatte. Rut erlangte Boas' Gunst erst dann, als er sie sah. Erst als Jesus ihn sah, erhielt der blinde Mann die Anweisung, wie er geheilt werden würde. Wenn die Tochter des Pharao das Baby Mose im Körbchen nicht gesehen hätte, hätte sie sich seiner nicht annehmen können.

2. **Der Ort spielt eine entscheidende Rolle.**

   Dein Aufenthaltsort bestimmt, wieviel Gunst du in deinem Leben erlangen wirst. Und vergiß niemals – ein Tag, an dem du Gunst bekommst, ist mehr wert als tausend Tage, an denen du dich selbst abmühst. Gehe deshalb lieber dorthin, wo man dich gerne sieht, anstatt dorthin, wo du nur geduldet wirst. Setze es dir zum Ziel, dort zu sein, wo Gott dich haben möchte, zu jeder Stunde, jeden Tag, jede Woche. Achte bewußter darauf, wo du dich aufhältst, wo du arbeitest und für wen du arbeitest. Es ist so traurig, daß manche Leute einfach nur die Zeitung aufschlagen und irgendwo anrufen, wenn sie einen Job suchen, statt sich in die Nähe Gottes zu begeben und Ihn zu fragen: „Zu wem schickst du mich heute?"

   Jemand wird aufgrund deiner Beteiligung Erfolg haben. Wer ist es? Zu wem bist du gesandt worden? Wenn du nämlich mit den richtigen Leuten zusammen bist, wird dein Bestes zum Vorschein kommen und deine schlechten Seiten werden absterben.

***Dein Erfolg ist immer von einem Ort abhängig: dem Ort deiner Berufung.***

# Tatsache 11

## Gott kann jede Sünde und jeden Fehler vergeben, den du beim Versuch, deine Berufung zu erfüllen, begehst

### Fehler sind unvermeidlich

Gott ist darüber nicht erstaunt. Er weiß, daß Menschen Fehler machen, und Er ist in der Lage, das Beste aus ihnen zu machen:

> *Vom Herrn her werden eines Mannes Schritte gefestigt, und seinen Weg hat er gern; fällt er, so wird er doch nicht hingestreckt, denn der Herr stützt seine Hand.*
>
> Psalm 37, 23–24

Es kann vorkommen, daß gute Männer sogar mehr als einmal zu Fall kommen:

> *Denn siebenmal fällt der Gerechte und steht doch wieder auf …*
>
> Sprüche 24, 16

Selbst diejenigen versagten, die mit Jesus täglich zusammen waren.

Jesus sagte das sogar voraus. Lies, was Er zu Petrus sagte: „Wahrlich, wahrlich, ich sage dir, der Hahn wird nicht krähen, bis du mich dreimal verleugnet hast" (Joh. 13, 38). Und wie Jesus es angekündigt hatte, geschah es auch: „Da leugnete Petrus wieder; und gleich darauf krähte der Hahn" (Joh. 18, 27).

Doch Jesus verurteilte, kritisierte oder vernichtete Petrus nicht. Er vergab ihm, und dann machte Er Petrus zu einem der hervorragendsten und kraftvollsten Evangelisten, von denen im Neuen Testament berichtet wird:

**Selbst diejenigen versagten, die mit Jesus täglich zusammen waren.**

*Petrus aber sprach zu ihnen: Tut Buße, und jeder von euch lasse sich taufen auf den Namen Jesu Christi zur Vergebung eurer Sünden... Die nun sein Wort aufnahmen, ließen sich taufen; und es wurden an jenem Tag etwa dreitausend Seelen hinzugetan.*

Apostelgeschichte 2, 38; 41

Außerdem schrieb Petrus zwei der aussagekräftigsten Briefe des Neuen Testaments (siehe 1. und 2. Petr.)!

Zunächst weckte Jesus eine Hoffnung in Petrus, indem Er ihm ein Bild von seinen zukünftigen Erfolgen zeigte:

*Aber auch ich sage dir: Du bist Petrus, und auf diesem Felsen werde ich meine Gemeinde bauen, und des Hades Pforten werden sie nicht überwältigen.*

Matthäus 16, 18

Anschließend legte Jesus die Schlüssel des Himmelreichs in seine Hände:

*Ich werde dir die Schlüssel des Reiches der Himmel geben; und was immer du auf der Erde binden wirst, wird in den Himmeln gebunden sein, und was immer du auf der Erde lösen wirst, wird in den Himmeln gelöst sein.*

Matthäus 16, 19

Dann machte Jesus Petrus darauf aufmerksam, daß er sich vor seinem Feind Satan in acht nehmen und wachsam sein sollte:

*Der Herr aber sprach: Simon, Simon! Siehe, der Satan hat euer begehrt, euch zu sichten wie den Weizen.*

Lukas 22, 31

Nun erhielt Petrus von Jesus das Versprechen, daß Er sein persönlicher Fürbitter sein würde, der für ihn betet:

> *Ich aber habe für dich gebetet, daß dein Glaube nicht aufhöre ...*
>
> Lukas 22, 32a

Zum Abschluß gab Jesus Petrus eine Aufgabe, in der sein persönliches Vertrauen zu Petrus zum Ausdruck kam und sein Glaube daran, daß Petrus sie erfüllen würde:

> *Und wenn du einst zurückgekehrt bist, so stärke deine Brüder.*
>
> Lukas 22, 32b

Eines der traurigsten und herzzerreißendsten Kapitel in der gesamten Bibel ist 2. Samuel 11. Dort wird berichtet, wie David, einer der größten Glaubenshelden, eine sexuelle Sünde begeht. Er begeht nicht nur Ehebruch mit Batseba, sondern er geht sogar noch einen Schritt weiter: Er sorgt dafür, daß Batsebas Ehemann an der Front getötet wird. Doch dann erscheint Nathan, der Mann Gottes, in Davids Haus.

## Bestrafungen sind unvermeidlich

Wenn Gott Rebellion nicht bestrafen würde, wäre es unmöglich zu glauben, daß Er Gehorsam belohnt. Und David wurde zur Rechenschaft gezogen. Davids und Batsebas erstes gemeinsames Kind starb. Davids Sohn vergewaltigte seine Schwester, und ein anderer seiner Söhne brachte einen seiner Brüder um.

Doch David hatte eine Eigenschaft, die seine Fähigkeit, Harfe zu spielen, überragte. Sie übertraf auch seine Fähigkeit als Kämpfer auf dem Schlachtfeld, und sie überstieg sein Können, ein gesamtes Königreich zu regieren.

David war fähig zur Buße:

> *Da sagte David zu Nathan: Ich habe gegen den Herrn gesündigt. Und Nathan sagte zu David: So hat auch der Herr deine Sünde hinweggetan, du wirst nicht sterben.*
>
> 2. Samuel 12, 13

## Hast du versagt?

Ergeht es dir wie David, dessen Herz zerbrochen war wegen des Fehlers, den er begangen hatte? Wenn dem so ist, dann laß dich trösten. An dich ist heute eine königliche Einladung abgeschickt worden:

> *Kommt denn und laßt uns miteinander rechten! spricht der Herr. Wenn eure Sünden rot wie Karmesin sind, wie Schnee sollen sie weiß werden. Wenn sie rot sind wie Purpur, wie Wolle sollen sie werden.*
>
> Jesaja 1, 18

Auch Simsons Niederlage ist eine bekannte Geschichte, und nur die wenigsten wissen, daß er später wiederhergestellt wurde. Simsons Lebensgeschichte enthält in der Tat viele Wunder. Bevor Simson das Licht der Welt erblickte, war seiner Mutter ein Engel des Herrn erschienen, der seine Geburt voraussagte. Außerdem erhielt sie die Anweisung, sorgfältig auf Simsons Erziehung zu achten, weil Gott ihn auserwählt hatte, Israel zu retten (Ri. 13, 2–5).

Gott segnete Simson, und der Geist des Herrn kam auf ihn und befähigte ihn durch seine Wunderkraft, übernatürliche Taten zu vollbringen (Ri. 14, 6; 19).

Natürlich hatte Simson Feinde, die es auf sein Leben abgesehen hatten. Sie überfielen ihn. Sie hatten Simsons Niederlage sorgfältig geplant und schließlich seine schwache Stelle gefunden: eine Frau, Delila. Sie war eine sinnliche und sehr manipulierende Frau. In ihr hatten Simsons Feinde das geeignete Werkzeug gefunden. Mit Ausdauer und Beharrlichkeit wirkte sie jeden Tag auf ihn ein.

Delila wollte Simson dazu bringen, sich ihr anzuvertrauen und sie in das Geheimnis seines Lebens einzuweihen:

> *Und es geschah, als sie ihn alle Tage mit ihren Worten bedrängte und ihn plagte, da wurde seine Seele es zum Sterben leid, und er vertraute ihr sein ganzes Herz an und sagte zu ihr: Nie ist ein Schermesser auf mein Haupt gekommen, denn ein Nasiräer Gottes bin ich von Mutterleib an. Wenn*

> *ich geschoren werde, dann weicht meine Kraft von mir, und ich werde schwach wie jeder andere Mensch sein.*
>
> Richter 16, 16–17

Simson beging einen tragischen und folgenschweren Fehler:

> *Und die Philister packten ihn und stachen ihm die Augen aus. Und sie führten ihn nach Gaza hinab und banden ihn mit ehernen Fesseln, und er mußte im Gefängnis die Mühle drehen.*
>
> Richter 16, 21

Doch die Zeiten sollten sich für Simson wieder ändern:

> *Aber das Haar seines Hauptes begann wieder zu wachsen, nachdem es geschoren worden war.*
>
> Richter 16, 22

Als die Philister beim Freudenfest Simson holen ließen, weil er für sie Späße machen sollte, dachte Simson an die Tage seiner Vergangenheit.

- Er *erinnerte* sich an die Gegenwart Gottes.
- Er *dachte* an seine Salbung und an seine herrlichen Siege. Irgendwie kannte er das Herz Gottes.
- Er *streckte* sich wieder nach Ihm aus.

Oh, es ist ein fantastischer Tag in deinem Leben, wenn du dich entschließt, dich nach Wiederherstellung auszustrecken. Gott hat die ganze Zeit darauf gewartet. Wie der Vater des verlorenen Sohns wird er zum Tor hinauseilen, um dir entgegenzulaufen! Oh ja, das wird Er!

> *Da rief Simson zu dem Herrn und sagte: Herr, Herr! Denke doch an mich und stärke mich doch nur diesmal noch, o Gott, damit ich Rache nehmen kann an den Philistern – eine Rache nur für meine beiden Augen! ... Und Simson sagte: Meine Seele sterbe mit den Philistern! Und er beugte sich mit aller Kraft. Da fiel das Haus auf die Fürsten und auf alles Volk, das darin war. So waren die Toten, die er mit seinem Tod tötete, zahlreicher als die, die er in seinem Leben getötet hatte.*
>
> Richter 16, 28; 30

Hier endet Simsons Geschichte nicht. Hunderte von Jahren später ist wiederum von ihm die Rede, als Gott in Hebräer 11 die Glaubenshelden auflistete. Er wird in einem Atemzug mit Abraham, Isaak, Jakob, Joseph, Mose und dem Propheten Samuel genannt:

> *Und was soll ich noch sagen? Denn die Zeit würde mir fehlen, wenn ich erzählen wollte von Gideon, Barak, Simson, Jefthah, David und Samuel und den Propheten, die durch Glauben Königreiche bezwangen, Gerechtigkeit wirkten, Verheißungen erlangten, der Löwen rachen verstopften, des Feuers Kraft auslöschten, des Schwertes Schärfe entgingen, aus der Schwachheit Kraft gewannen, im Kampf stark wurden, der Fremden Heere zurücktrieben.*
>
> Hebräer 11, 32–34

## Wenn Gott es für Simson getan hat, kann Er es auch für dich tun

Im Himmel werden die Sünden von David und Batseba niemals erwähnt. Die Schande von Simson und Delila ist dort kein Gesprächsthema. Du siehst also, gestern gehört der Vergangenheit an. Alles, was gestern war, ist vorbei:

> *Denkt nicht an das Frühere, und auf das Vergangene achtet nicht! Siehe, ich wirke Neues! Jetzt sproßt es auf. Erkennt ihr es nicht? Ja, ich lege durch die Wüste einen Weg, Ströme durch die Einöde.*
>
> Jesaja 43, 18–19

- Deine Aufgabe ist es, dich *auszustrecken.*
- Es ist Gottes Sache, darauf zu *reagieren.*

> *Denn so hoch die Himmel über der Erde sind, so übermächtig ist seine Gnade über denen, die ihn fürchten. So fern der Osten ist vom Westen, hat er von uns entfernt unsere Vergehen. Wie sich ein Vater über Kinder erbarmt, so erbarmt sich der Herr über die, die ihn fürchten. Denn er kennt unser Gebilde, gedenkt, daß wir Staub sind … Die*

*Gnade des Herrn aber währt von Ewigkeit zu Ewigkeit über denen die ihn fürchten, seine Gerechtigkeit bis zu den Kindeskindern.*

Psalm 103, 11–14; 17

***Du mußt dich wieder mit ganzer Konzentration deiner Berufung zuwenden. Deine besten Tage liegen noch vor dir.***

# Tatsache 12

# Wenn du dich gegen deine Berufung auflehnst, kann Gott schmerzhafte Erfahrungen zulassen, um dich zu korrigieren

## Gott läßt sich nicht ignorieren

Gott kann schmerzhafte Erfahrungen zulassen ... unvergeßliche Erfahrungen.

Jona ist dafür ein vorzügliches Beispiel. Er widersetzte sich Gottes Aufforderung, die da lautete: „Mache dich auf, geh nach Ninive, der großen Stadt, und verkündige gegen sie! Denn ihre Bosheit ist vor mich aufgestiegen" (Jon. 1, 2). Doch statt dessen tat Jona folgendes:

> *Aber Jona machte sich auf, um nach Tarsis zu fliehen, weg vom Angesicht des Herrn. Und er ging nach Jafo hinab, fand ein Schiff, das nach Tarsis fuhr, gab den Fahrpreis dafür und stieg hinein, um mit ihnen nach Tarsis zu fahren, weg vom Angesicht des Herrn. Da warf der Herr einen gewaltigen Wind auf das Meer, und es entstand ein großer Sturm auf dem Meer, so daß das Schiff zu zerbrechen drohte.*
>
> Jona 1, 3–4

Jona mußte drei äußerst unangenehme Tage und Nächte im Bauch des Fisches verbringen, bis er zur Vernunft kam und seine Berufung, Ninive zu evangelisieren, akzeptierte.

## Schätze Gott niemals falsch ein

Denke nicht, daß Gott kleine Trotzhandlungen ignoriert. Er wird disziplinarisch eingreifen. Er wird reagieren.

*Die Wellen des Ungehorsams von gestern werden eine Zeitlang am Ufer von heute aufschlagen.*

Werfen wir beispielsweise einen Blick auf Josuas Leben. Er hatte von Gott genaue Anweisungen für die Zerstörung Jerichos erhalten. Doch als Achan rebellierte und etwas von der Kriegsbeute stahl, verloren sie ihre erste Schlacht nach Jericho, die in Ai. An einem einzigen Tag wurde ihr Ruf ruiniert, und Josuas Männer verloren all ihre Zuversicht. Warum? Weil sie die Gebote Gottes nicht befolgt hatten. Demzufolge erlitt das ganze Volk eine Niederlage, bis ihnen ihr Gehorsam wieder wichtiger war als alles andere (siehe Jos. 7 und 8).

## Der Ungehorsam einer einzigen Person kann bewirken, daß alle zur Rechenschaft gezogen werden

Nur wenige haben diese Tatsache begriffen. Wenn ein Mensch sich nicht im Willen Gottes befindet, kann es möglich sein, daß alle, die mit der betreffenden Person in Verbindung stehen, den Preis dafür bezahlen müssen.

Vor Jahren berichtete ein bekannter Leiter, daß er sich zum Gebet zurückzog, wenn die Finanzlage seines Dienstes zu wünschen übrig ließ. Doch eines Tages forderte Gott ihn auf, das Gebet abzubrechen, und Er sagte: „Unter deinen Mitarbeitern befindet sich jemand, der dort nichts zu suchen hat. Aus diesem Grund habe ich die finanziellen Mittel zurückgehalten.“ Also entließ er den betreffenden Mitarbeiter, und die finanzielle Situation verbesserte sich wieder. Ich habe es bereits gesagt, und es sollte auf jeder Seite dieses Buches erneut erwähnt werden: „Wenn du die verkehrten Leute aus deinem Leben ausschließt, werden die Dinge nicht länger verkehrt laufen.“

Denke daran: Die Wellen des Ungehorsams von gestern werden eine Zeitlang am Ufer von heute aufschlagen. Wenn du also den Geboten Gottes zuwiderhandelst, solltest du dich darauf gefaßt machen, daß du auf deinem zukünftigen Lebensweg mit schmerzhaften Erfahrungen rechnen kannst.

## Schmerz hat eine korrigierende Wirkung

Das geschieht oft in der Töpferei (siehe Jer. 18, 1–4), wo unser Vater gewöhnliche Tongefäße in außergewöhnliche Einzelstücke verwandelt.

> *Es war gut für mich, daß ich gedemütigt wurde, damit ich deine Ordnungen lernte.*
>
> Psalm 119, 71

## 5 positive Aspekte schmerzhafter Erfahrungen

1. Durch schmerzhafte Erfahrungen wirst du gezwungenermaßen nach Antworten und Lösungen im Wort Gottes *suchen.*
2. Durch schmerzhafte Erfahrungen wirst du dich gezwungenermaßen auf Gott und nicht auf Menschen *verlassen.*
3. Durch schmerzhafte Erfahrungen wirst du gezwungenermaßen *erkennen,* wo du vom richtigen Weg abgekommen bist.
4. Durch schmerzhafte Erfahrungen wirst du dich gezwungenermaßen nach seiner Nähe und Heilung *sehnen.*
5. Durch schmerzhafte Erfahrungen wirst du gezwungenermaßen *hören,* ob Gott seine Anweisungen geändert hat.

***Bewerte deshalb leidvolle Zeiten nicht falsch. Sie setzen einen heilsamen Prozeß in Gang.***

# Tatsache 13

## Deine Berufung benötigt Wunder

### Damit du deine Berufung erfüllen kannst, muß Gott auf übernatürliche Weise eingreifen

Jesus sagte:

> *... getrennt von mir könnt ihr nichts tun.*
>
> Johannes 15, 5

Um deine Berufung zu erfüllen, werden Wunder nötig sein. Wunder sind ohne Gott nicht möglich. Und Gott wiederum benötigt unseren Gehorsam.

Als Josua und die Israeliten nach Jericho kamen, war ein Wunder nötig, um die Mauer zum Einstürzen zu bringen.

Als Gideon und seine 300 Männer gegen das große Heer der Midianiter auszogen, war ihr Sieg ein absolutes Wunder.

Als Naaman im Jordan untertauchte, um gesund zu werden, war seine Heilung ein Wunder.

Als bei der Hochzeit zu Kana der Wein ausgegangen war, konnte Jesus nur durch ein Wunder das Wasser in den Krügen in Wein verwandeln.

Ein weiteres Wunder war nötig, um die letzte Mahlzeit, die sich die Witwe von Zarpat zubereiten wollte, zu vermehren. Sie gab Elia ihre letzten Reste an Mehl und Öl, und ihre Gabe wurde vervielfacht. Das Ergebnis war, daß Elia und ihr ganzes Haus versorgt waren, bis die Hungersnot vorüber war.

*Deine Berufung wird immer so groß ausfallen, daß ein Wunder notwendig sein wird.*

Als das Heer des Pharao den Israeliten nachjagte, ertranken dieKriegsleute im Schilfmeer. Auch das war ein Wunder.

Auch du wirst nicht ohne ein Wunder auskommen. Lies deshalb die folgenden Wahrheiten sorgfältig, um Gottes Wunder nicht zu verpassen.

**8 wichtige Informationen zum Thema Wunder, die dir helfen werden, Gottes Führung besser zu verstehen**

1. Gott wird dir niemals eine Berufung geben, die nicht seine Beteiligung erfordert.

   Deshalb wirst du stets das offensichtliche Eingreifen und Wirken Gottes dringend und anhaltend benötigen. Du wirst nicht in der Lage sein, deine Berufung auf eigene Faust zu erfüllen. Deine Berufung wird so überwältigend sein, daß ein Wunder nicht wegzudenken ist.

   - Du wünschst dir ein *Wunder.*
   - Gott wünscht sich eine *Beziehung.*

2. Gott macht Wunder erforderlich, damit du einen Ansporn hast, seine Nähe zu suchen und Ihn um sein Eingreifen in dein Leben zu bitten.

3. Ich betone noch einmal: Gott wird dir niemals einen Traum geben, den du im Alleingang verwirklichen kannst.

4. Jede einzelne Handlung Gottes zielt darauf ab, deine Abhängigkeit von Ihm und dein Verlangen nach seiner Nähe zu verstärken:

   *Und er demütigte dich und ließ dich hungern. Und er speiste dich mit dem Man, das du nicht kanntest und das deine Väter nicht kannten, um dich erkennen zu lassen, daß der Mensch nicht vom Brot allein lebt. Sondern von allem, was aus dem Mund des Herrn hervorgeht, lebt der Mensch.*

   5. Mose 8, 3

5. Dein Vater möchte nicht in Vergessenheit geraten oder ignoriert werden:

   *Hüte dich, daß du den Herrn, deinen Gott, nicht vergißt, indem du seine Gebote und seine Rechtsbestimmungen und seine Ordnungen, die ich dir heute gebe, nicht hältst!*

   5. Mose 8, 11

6. Dein Vater läßt Krisen zu, um deinem Gedächtnis auf die Sprünge zu helfen:

   *Sondern du sollst an den Herrn, deinen Gott, denken, daß er es ist, der dir Kraft gibt, Vermögen zu schaffen; – damit er seinen Bund aufrechterhält, den er deinen Vätern geschworen hat, so wie es heute ist.*

   5. Mose 8, 18

7. Jesus liebte es, Wunder zu tun:

   *Jesus von Nazareth, wie Gott ihn mit Heiligem Geist und mit Kraft gesalbt hat, der umherging und wohltat und alle heilte, die von dem Teufel überwältigt waren; denn Gott war mit ihm.*

   Apostelgeschichte 10, 38

8. Wenn Jesus redete, war jedes Wort eine Einladung zu einem Wunder. Die Schwachen sind zu einem Wunder eingeladen. Die Armen können ein Wunder erwarten:

   *Gebt, und es wird euch gegeben werden: ein gutes, gedrücktes und gerütteltes und überlaufendes Maß wird man in euren Schoß geben; denn mit demselben Maß, mit dem ihr meßt, wird euch wieder gemessen werden.*

   Lukas 6, 38

   Petrus machte die Entdeckung, daß Jesus gerne Wunder wirkte, als Er ihn aufforderte, auf dem Wasser zu gehen:

   *Petrus aber antwortete ihm und sprach: Herr, wenn du es bist, so befiehl mir, auf dem Wasser zu dir zu kommen! Er aber sprach: Komm! Und Petrus stieg aus dem Boot und ging auf dem Wasser und kam auf Jesus zu.*

Matthäus 14, 28–29

Die Kranken dürfen mit einem Wunder rechnen. Der Mann, der 38 Jahre lang krank gewesen war, wurde zu einem Wunder eingeladen:

*Als Jesus diesen daliegen sah und wußte, daß es schon lange Zeit so mit ihm steht, spricht er zu ihm: Willst du gesund werden?*

Johannes 5, 6

## 12 Schlüssel, die dir die Türen zu den Wundern Gottes aufschließen, die du benötigst, um die Berufung deines Lebens zu erfüllen

1. Sei dir bewußt, daß jede göttliche Berufung Wunder Gottes erfordern wird. Es wird dir im Alleingang nicht gelingen.

2. Erwarte an jedem Tag deines Lebens ein Wunder:

   *... denn wer Gott naht, muß glauben, daß er ist und denen, die ihn suchen, ein Belohner sein wird.*

   Hebräer 11, 6b

3. Beachte, daß dein Glaube kontinuierlich sein muß, wenn du Wunder erleben möchtest:

   *Ohne Glauben aber ist es unmöglich, ihm wohlzugefallen ...*

   Hebräer 11, 6a

4. Nähre deine Glaubenszuversicht und dein Vertrauen auf Gott. Wenn du das Wort Gottes hörst und liest, entsteht Glaube in deinem Herzen:

   *Also ist der Glaube aus der Verkündigung, die Verkündigung aber durch das Wort Christi.*

   Römer 10, 17

5. Du mußt verstehen, daß die Logik deines Denkapparats und der Glaube in deinem Herzen oftmals aufeinanderprallen. Sie stehen während der ganzen Zeit, in der du deine Berufung erfüllst, miteinander auf Kriegsfuß:

   *Denn das Fleisch begehrt gegen den Geist auf, der Geist aber gegen das Fleisch; denn diese sind einander entgegengesetzt, damit ihr nicht das tut, was ihr wollt ... Die Frucht des Geistes aber ist ... Treue [Glaube] ...*

   Galater 5, 17; 22

6. Durch Logik entsteht Ordnung, doch Glaube wirkt Wunder. Deshalb wird Gott niemals deine Logik zu Rate ziehen, um deine Zukunft zu bestimmen. Er überläßt es deinem Glauben, welche Ebenen du erreichst und welche Siege du erringst.

7. Die Logik ist eine wundervolle und kostbare Gabe, die Er dir gibt, damit du Ordnung in das Zusammenleben mit deinen Mitmenschen bringen kannst.

8. Glaube ist die wundervolle und kostbare Gabe, die Er dir gibt, um Wunder zu wirken – durch den Vater.

9. Um deine Berufung erfüllen zu können, wirst du „Wunder-Beziehungen" zu geistlichen Vätern, Schützlingen, Freunden und Bekannten benötigen. Joseph wäre beispielsweise niemals in den Palast gekommen, wenn er nicht durch das Eingreifen Gottes den Mundschenk kennengelernt hätte. Diese Beziehung war eine göttliche Begegnung.

10. Deine Berufung kann eine übernatürliche Finanzierung erfordern. Petrus beispielsweise fand eine Münze im Maul eines Fisches, womit er die Steuern bezahlte. Finanzielle Wunder sind etwas völlig Normales im Leben derer, die Gott gehorsam sind.

11. Du brauchst das Wunder, das dir Weisheit gegeben wird, um deine Berufung zu erfüllen. Durch deine Entscheidungen werden sich Türen öffnen oder Türen schließen. Jeder Entschluß, den du faßt, wird dich entweder weiterbringen oder zurückwerfen.

12. Wunder sind etwas selbstverständliches für die, die gehorsam sind:

*Wenn ihr willig seid und hört, sollt ihr das Gute des Landes essen.*

Jesaja 1, 19

Jede Tendenz in Richtung Selbstversorgung ist ein Schritt weg von Gott. Sei daher stets in deinem Herzen dankbar für die Gegenwart des Heiligen Geistes in deinem Leben und erachte sie für etwas sehr Kostbares. Suche sein Angesicht, und strebe danach, seine Zustimmung zu finden:

*Der Herr lasse sein Angesicht über dir leuchten und sei dir gnädig! Der Herr erhebe sein Angesicht auf dich und gebe dir Frieden!*

4. Mose 6, 25–26

*... Erhebe, Herr, über uns das Licht deines Angesichts!*

Psalm 4, 7

Zu wissen, daß das Licht seines Angesichts über dir leuchtet, ist in jedem Moment deines Lebens eine große Ermutigung:

*... Harre auf Gott! – denn ich werde ihn noch preisen für das Heil seines Angesichts.*

Psalm 42, 6

***Denke immer daran: Du kannst Wunder erleben ... oder versäumen ... an jedem Tag deines Lebens.***

# Tatsache 14

## Du wirst nur dann Erfolg haben, wenn deine Berufung zu deiner Leidenschaft wird

### Zielgerichtetheit ist wie ein Magnet

Jesus wies diejenigen zurecht, die Ihn von seinem Ziel und seiner Leidenschaft – nämlich den Willen des Vaters auszuführen – abbringen wollten.

> *Er aber wandte sich um und sah seine Jüger und tadelte Petrus und sagte: Geh weg hinter mich, Satan! Denn du sinnst nicht auf das, was Gottes, sondern auf das, was der Menschen ist.*
>
> Markus 8, 33

Wenn du deine Aufmerksamkeit, deine Zeit und all deine Energie der Erfüllung deiner Berufung widmest, wirst du außerordentliche Gunst haben und Wunder erleben. Wie wir gesehen haben, wirst du von den Dingen beherrscht, die es geschafft haben, deine Aufmerksamkeit auf sich zu ziehen.

Der Apostel Paulus wurde von seiner Berufung verzehrt. Dieser Tatsache ist es zuzuschreiben, daß er trotz aller Anfeindungen, widriger Umstände und sogar Freunden, die ihn nicht verstanden, bemerkenswerte Erfolge zu verzeichnen hatte. Dies kommt in seinem Brief an die Philipper zum Ausdruck:

> *... eines aber tue ich: Ich vergesse, was dahinten, strecke mich aber aus nach dem, was vorn ist, und jage auf das Ziel*

**Was deine ungeteilte Aufmerksamkeit auf sich zieht, beherrscht dich.**

*zu, hin zu dem Kampfpreis der Berufung Gottes nach oben in Christus Jesus.*

Philipper 3, 13–14

Paulus wandte den Verletzungen, den Fehlschlägen und den Erinnerungen aus der Vergangenheit den Rücken zu. Offensichtlich hatte er eine genaue Vorstellung von den Dingen, die vor ihm lagen, und er hatte die folgenden fünf Schlüsselwahrheiten erkannt:

### Entwickle eine Leidenschaft für deine Berufung

1. Weise alles ab, was dich von deiner Berufung ablenken oder dich belasten könnte:

   *Deshalb laßt nun auch uns ... jede Bürde und die uns so leicht umstrickende Sünde ablegen und mit Ausdauer laufen den vor uns liegenden Wettlauf ...*

   Hebräer 12, 1

2. Lehne schonungslos jedes Projekt ab, das nicht mit der Erfüllung deiner Berufung in Verbindung steht. Paulus wies Timotheus eindringlich darauf hin:

   *Niemand, der Kriegsdienste leistet, verwickelt sich in die Beschäftigungen des Lebens, damit er dem gefalle, der ihn angeworben hat.*

   2. Timotheus 2, 4

3. Lerne ständig auf dem Gebiet deiner Berufung dazu. Paulus empfahl Timotheus:

   *Strebe danach, dich Gott bewährt zur Verfügung zu stellen als einen Arbeiter, der sich nicht zu schämen hat, der das Wort der Wahrheit in gerader Richtung schneidet.*

   2. Timotheus 2, 15

4. Vermeide Unterhaltungen, die im Hinblick auf deine Berufung bedeutungslos sind:

*Die unheiligen, leeren Geschwätze aber vermeide; denn sie werden zu weiterer Gottlosigkeit fortschreiten ... Aber die törichten und ungereimten Streitfragen weise ab, da du weißt, daß sie Streitigkeiten erzeugen.*

2. Timotheus 2, 16; 23

5. Lerne, jede Beziehung abzuschneiden, die dein Verlangen nach der Gegenwart Gottes und deine Leidenschaft, seine Berufung für dein Leben zu erfüllen, nicht stärken:

   *Wenn aber jemand unserem Wort durch den Brief nicht gehorcht, den bezeichnet, habt keinen Umgang mit ihm, damit er beschämt werde ...*

   2. Thessalonicher 3, 14

## Satan fürchtet die Erfüllung deiner Berufung

Jedesmal, wenn du im Gehorsam handelst, kannst du tausend satanische Pläne zunichte machen.

Ich möchte dir von einem Erlebnis berichten, das ich hatte. Das wird dir zugute kommen, denn ich bin sicher, daß du in der Zukunft dieselbe Erfahrung machen wirst (wenn es nicht bereits schon geschehen ist)!

Meine Sekretärin reichte mir die Telefonnummer eines Freundes, den ich seit 25 Jahren nicht mehr gesehen hatte. In all den Jahren hatte er weder geschrieben noch angerufen oder etwas in meinen Dienst gegeben. Und nun rief er aus heiterem Himmel eines Tages gleich mehrmals an. Dann kam er jede Woche zu meinem Bibelkreis, investierte großzügig in meinen Dienst und lud mich zum Abendessen ein.

Als wir zusammen beim Essen waren, sagte mein alter Freund: „Mike, ich verdiene mehr als 20.000 Euro im Monat. Ich war noch nie an einer besseren Firma beteiligt. Ich möchte, daß du auch in diese Firma miteinsteigst."

„Weißt du", entgegnete ich langsam, „mein Dienst nimmt mich völlig ein. Ich habe augenblicklich überhaupt keine Zeit für eine zweite Tätigkeit. Aber ich danke dir für dein Angebot."

Er war verblüfft. „Aber ich könnte mir vorstellen, daß du eine solide finanzielle Basis benötigen wirst, wenn du eines Tages in den Ruhestand gehst. Das Ganze ist sehr einfach", meinte er. „Du kennst Tausende von Leuten. Du mußt nichts weiter tun, als mich einzuladen, und ich werde deinen Leuten diese Multi-Level-Marketing-Strategie präsentieren. Sie werden kommen, weil sie dich persönlich kennen. Und dieses Produkt ist das beste auf dem Markt. Die Menschen werden dieses Produkt immer brauchen. Und auch deine Leute brauchen es."

Ein monatliches Einkommen von 20.000 Euro fand ich zwar beeindruckend, doch ich mußte ihm sehr direkt meine Meinung klarmachen. Ich sagte deshalb: „Ich finde dein Produkt gut. Ich glaube auch, daß jeder es haben sollte, und ich werde dir eines abkaufen. Ich werde auch meinen Freunden von dir erzählen. Aber ich selbst kann mich nicht am Verkauf des Produkts beteiligen, weil ich nicht meine gesamte Aufmerksamkeit, meine Energie und meine Zeit diesem Produkt widmen kann. Ich kann mich nicht dafür begeistern, dieses Produkt zu verkaufen. Du mußt verstehen, daß ich nur in einer Sache erfolgreich sein kann, die mich leidenschaftlich verzehrt und völlig einnimmt. Außerdem habe ich keine Anweisung vom Herrn bekommen, in das Geschäft mit diesem Produkt einzusteigen."

Ich hatte meine Anweisungen bereits bekommen. Mein innerer Friede war der Beweis dafür, daß ich mich hinsichtlich meiner Berufung 100prozentig im Willen Gottes befand. Es wird immer Menschen geben, die wunderbare Ideen haben und dir Angebote unterbreiten werden, die von deiner Berufung abweichen. Doch jede Stunde, die du damit verbringst, ist reine Zeitverschwendung – für dich und für die anderen Beteiligten. Ich habe nie wieder etwas von diesem Mann gehört.

Wie du siehst, hatte er keinerlei Interesse an meiner Berufung. Er wollte lediglich, daß ich ihm bei der Verwirklichung seines Traumes behilflich bin. Ich war für ihn nur ein Mittel zu dem Zweck, größeren finanziellen Gewinn zu machen.

Vor kurzem übergab mir meine Sekretärin einen Notizzettel, auf dem sie eine weitere telefonische Nachricht festgehalten hatte. Sie stammte von einem guten Freund von mir, der in Predigerkreisen wohlbekannt ist. Er hatte einen bemerkenswerten Dienst für Gott aufgebaut, doch aufgrund von außerordenlich starken Anfechtungen hatte er sowohl in seinem Privatleben als auch in seinem Dienst große Verluste erlitten.

Als ich ihn zurückrief, war er eifrig darum bemüht, sich mit mir zu verabreden. Und ich willigte ein, ihn am selben Abend zu treffen.

Ich konnte mir nicht vorstellen, warum dieser Mann mich so dringend sehen wollte. In den vergangenen 8 Jahren hatte er mich nicht ein einziges Mal angerufen. Und nun ging es plötzlich anscheinend um Leben und Tod.

Bei unserem Treffen erfuhr ich dann, daß sein Anliegen eine Multi-Level-Marketing-Geschäftsidee war. Er würde Erfolg haben. Das wußte ich. Mir war ebenso klar, daß jeder, der sich mit ihm zusammentat, ebenfalls außergewöhnlich erfolgreich sein würde. Er ist ein bemerkenswerter, genialer und angenehmer Freund. Doch er hatte eine andere Zielrichtung. Deshalb war ich sehr direkt, als ich zu ihm sagte: „Ich bin überzeugt davon, daß du herausragende Erfolge mit diesem Geschäft erzielen würdest. Aber glaubst du nicht, daß es dich von deiner göttlichen Berufung für deinen Dienst abbringen würde?"

„Oh, ich werde meinen Dienst trotzdem weiterführen, doch dieses Geschäft wird vielen Menschen finanziell weiterhelfen", entgegnete er.

Ich antwortete deshalb vorsichtig: „Ich werde natürlich wegen dieser Angelegenheit beten. Aber meine Leidenschaft ist es, den Heiligen Geist kennenzulernen und viel Zeit im „Versteck" mit Gott zu verbringen. Seit ich meinen Tagesplan nach Ihm ausrichte, erlebe ich mehr Frieden und mehr Freude als je zuvor in meinen ganzen bisherigen Leben. Finanzielle Unabhängigkeit ist etwas Wunderbares, aber den Willen Gottes zu tun und mich im Zentrum meiner Berufung zu befinden, ist meine Leidenschaft geworden."

Auch von ihm hörte ich nie wieder etwas.

Wenn du darauf beharrst, dein Leben völlig deiner Berufung zu widmen, werden sich falsche Beziehungen wie von selbst auflösen. Gesunde Beziehungen werden entstehen. Ich habe es schon tausendmal gesagt – am leichtesten wird man die falschen Leute los, wenn man sich mit allem Eifer daran macht, das Richtige zu tun. Wenn es deine Leidenschaft geworden ist, das Richtige zu tun, werden dich die falschen Leute unerträglich finden.

Natürlich ist es anderen erlaubt, dir ihre Träume mitzuteilen. Aber die Feststellung, daß sie nichts mit dir oder deiner Bestimmung zu tun haben wollen, ist enttäuschend. Es ist ein Ansporn zu wissen, daß der Vater dich hundertfach dafür belohnen wird, wenn du mit Leidenschaft seinen Plan ausführst (siehe Mk. 10, 28–30).

Deshalb kämpfe darum, dein Ziel nicht aus den Augen zu verlieren. Ringe hart darum! Baue Mauern, die deine Konzentration stärken. Ignoriere das Geschrei, das Gelächter und die Kritik, du seist „besessen".

***Diejenigen, die von ihrer Berufung besessen sind, herrschen auf dem Planeten der Erde.***

# Tatsache 15

## Deine Berufung erfordert Planung

### Planung ist oft lästig

Ich bin ziemlich kreativ, und meine Freunde wissen, daß ich immer gerne spontan handelte. Es widerstrebt mir, etwas zu planen. Planung scheint dem Leben jegliche Spontaneität zu rauben. Doch mittlerweile denke ich Dinge schon lange Zeit vorher durch, bevor ich sie dann in die Tat umsetze. Und ich beschäftige mich gerne in Gedanken damit. Es ist schwierig und arbeitsaufwendig, meine Gedanken zu Papier zu bringen, um meinem Beraterstab die Möglichkeit zu geben, meine Pläne zu analysieren, zu bewerten oder aber auch zu kritisieren. Doch eine Eigenschaft haben alle Sieger gemeinsam: Sie denken voraus.

Ich habe vor kurzem in einem Bericht gelesen, daß der Hauptgeschäftsführer von einer Handelskette mit 200 Filialen die erste Stunde eines jeden Tages damit verbringt, diesen 24-Stunden-Tag peinlich genau zu planen. Dieser Mann bringt seine Pläne detailliert zu Papier. Ich persönlich kenne niemanden, der soviel Zeit dafür verwendet, seinen Tag zu planen.

Lee Iacocca, der legendäre ehemalige Chef des Automobilkonzerns Chrysler sagte, einer seiner besten Lehrväter habe darauf bestanden, daß jede Idee, die Iacocca hatte, zuerst in allen Einzelheiten aufgeschrieben werden mußte, bevor er sich mit ihr auseinandersetzte.

Du wirst verstehen, daß im Verlauf einer regen Unterhaltung jeder leicht in Begeisterung geraten kann. Wenn du jedoch aufgefordert wirst, einen detaillierten Plan zu Papier zu bringen, treten plötzlich Fakten zutage, die zuvor außer acht gelassen wurden. Man kann auf diese Weise Wahrheiten viel besser erkennen. Problematische Bereiche tauchen auf. Schwachstellen werden offensichtlich. Alles, was unklar war, wird nun klar und deutlich. Und Fragen werden beantwortet.

**Deine Bibel ist eine Sammlung von Plänen.**

Aus diesem Grund lehrt die Bibel: „... Schreib auf, was du geschaut hast, deutlich auf eine Tafel, daß es lesen könne, wer vorüber läuft!" (Hab. 2, 2; *Luther* 84). Du siehst also, daß deine Bibel eine Sammlung von Plänen ist. Gott wollte, daß du diese Pläne verstehst, dich mit ihnen befaßt, über sie nachdenkst und sie dir bildlich vorstellst.

Die Bibel enthält außerdem eine Aufzählung von Helden, die ihre Erfolge vorausplanten. Salomo hatte einen Plan für den Bau des Tempels. Die Angaben waren sehr detailliert (2. Chr. 3–5). Noah hatte einen Bauplan für die Arche erhalten (1. Mo. 6, 14–16). Mose bekam einen Plan für die Errichtung der Stiftshütte (2. Mo. 36–40).

Gott hatte ebenso exakte Pläne, was die Opfergaben der Leute betraf! (siehe 3. Mo. 1–9).

Hervorragende Konzertpianisten üben viele Stunden, bevor sie ihr Konzert geben. Das Publikum hört nur das Resultat ihre Vorbereitung. Da es dir nun ernst damit ist, deine Berufung zu erfüllen, wird es Zeit, daß du einige Zeit investiert, um dich auf deinen „Auftritt" vorzubereiten. Es ist an der Zeit, daß du dich ernsthaft daran machst zu planen, wie du deine Berufung erfüllen wirst.

### 4 Belohnungen für Planung

1. Vorauszuplanen verhindert Streß in den schwierigen Zeiten deines Lebens:

   *Geh hin zur Ameise, du Fauler, sieh ihre Wege an und werde weise! Sie, die keinen Anführer, Aufseher und Gebieter hat, sie bereitet im Sommer ihr Brot, sammelt in der Ernte ihre Nahrung.*

Sprüche 6, 6–8

2. Planung wirkt sich in hohem Maß auf die Entscheidungen aus, die du treffen mußt:

   *Oder welcher König, der auszieht, um sich mit einem anderen König in Krieg einzulassen, setzt sich nicht vorher hin und ratschlagt, ob er imstande sei, dem mit zehntausend entgegenzutreten, der gegen ihn mit zwanzigtausend anrückt? Wenn aber nicht, so sendet er, während er noch fern ist, eine Gesandtschaft und bittet um die Friedensbedingungen.*

   Lukas 14, 31–32

3. Die Qualität deiner Vorbereitung entscheidet über die Qualität deines Auftretens:

   *Siehst du einen Mann, der gewandt ist in seinem Geschäft, – vor Könige wird er hintreten, er wird nicht vor Niedrige hintreten.*

   Sprüche 22, 29

4. Sorgfältige Planung stellt die Durchführung eines jeden Projekts sicher:

   *Denn wer unter euch, der einen Turm bauen will, setzt sich nicht vorher hin und berechnet die Kosten, ob er das Nötige zur Ausführung habe? Damit nicht etwa, wenn er den Grund gelegt hat und nicht vollenden kann, alle, die es sehen, anfangen, ihn zu verspotten, und sagen: Dieser Mensch hat angefangen zu bauen und konnte nicht vollenden.*

   Lukas 14, 28–30

Schwergewichtsboxer planen ebenfalls Wochen vor einem Kampf voraus. Sie bereiten sich darauf vor. Sie wissen, daß ihre Vorbereitung über Sieg oder Niederlage entscheidet. Ich habe schon oft gesagt, daß solche Champions nicht erst im Ring ein Weltmeister werden. Man erkennt sie nur im Ring. Die Tatsache, daß sie ein Weltmeister geworden sind, verdanken sie ihrer täglichen Routine.

Es scheint mir so, als ob wir Menschen entweder hauptsächlich von unserem Verstand oder von unserem Herzen beeinflußt werden. Man könnte also unterscheiden zwischen „VERSTANDES-Menschen" und „HERZ-Menschen". VERSTANDES-Menschen gehen methodisch und analytisch vor und treffen Entscheidungen aufgrund von Tatsachen. HERZ-Menschen dagegen scheinen sensibler und intuitiver zu sein, und sie neigen eher zu Spontaneität und Flexibilität.

- VERSTANDES-Menschen lieben *Fakten.*
- HERZ-Menschen lieben *Inspiration.*

Beide Typen von Menschen sind notwendig, damit du die Berufung deines Lebens erfüllen kannst. Ich persönlich habe jedoch festgestellt, daß VERSTANDES-Menschen oftmals vom „Versteck Gottes" weggezogen werden, weil sie von akademischen Studien und gesammelten Daten abhängig sind, und daß sich HERZ-Menschen häufig der Leiterschaft und den niedergeschriebenen Erkenntnissen anderer entziehen, um besondere Offenbarungen in ihrer persönlichen Gebetszeit zu empfangen. Ich entdeckte die folgenden beiden wichtigen Prinzipien, die mir sehr dabei geholfen haben, ein Gleichgewicht zwischen diesen beiden Bereichen herzustellen:

- Beten kann *Planung* nicht ersetzen.
- Planung kann das *Gebet* nicht ersetzen.

Ich will diese Aussagen verdeutlichen. Studiere Josua und die beiden Schlachten von Ai in Josua 7 sehr sorgfältig. Weil Josua den Herrn nicht um Rat gefragt hatte, verlor er die erste Schlacht und erlitt eine Niederlage:

> *Und Josua zerriß seine Kleider und fiel auf sein Gesicht zur Erde, vor der Lade des Herrn, bis zum Abend, er und die Ältesten von Israel, und sie warfen Staub auf ihr Haupt.*
>
> Josua 7, 6

Israel hatte gesündigt. Sie hatten etwas von dem Gebannten genommen, und Gott übte Gericht über sie, indem Er ihre Niederlage zuließ. Als Josua sich endlich ins Gebet vertiefte, forderte Gott ihn auf, damit aufzuhören, und Er sagte zu ihm: „Steh auf! Warum liegst du denn auf deinem Angesicht?“ (Jos. 7, 10). Dies ist eines der wenigen Gebete, auf das Gott nicht reagierte. Warum?

Gottes Plan war nicht durchgeführt worden. Er war ignoriert worden. Offensichtlich konnte ein Gebet, auch wenn es einen ganzen Tag dauerte, nicht den einfachen Plan Gottes ersetzen:

> *... Siehe, Gehorchen ist besser als Schlachtopfer, Aufmerken besser als das Fett der Widder.*
>
> 1. Samuel 15, 22

Nachdem die Sünde Achans aufgedeckt und er dafür bestraft worden war, sprach Gott erneut. Und dieses Mal hörte Josua zu. Gott versprach ihm den Sieg, doch wiederum betonte Er, wie wichtig es war, daß sie seinen Plan befolgten:

> *... Jedoch seine Beute und sein Vieh dürft ihr unter euch aufteilen. Lege du der Stadt einen Hinterhalt von der Rückseite her!*
>
> Josua 8, 2

Wie in der nächsten Passage deutlich wird, hatte Josua einen detaillierten Plan, und er gewann die zweite Schlacht um Ai. Es ist wichtig zu erkennen, daß Josuas Gebet seine Planung nicht ersetzen konnte. Durch sein Gebet wurde der Plan Gottes offenbart.

## Die 7 wichtigsten Aspekte der Planung

1. Bitte Gott um Weisheit (siehe Jak. 1, 5).
2. Lege dir einen Tagesplaner zu – ein Zeitplansystem. So etwas gibt es in jedem Geschäft für Bürobedarf. Oder du läßt dir von jemanden, den du als Vorbild bewunderst, einen empfehlen.
3. Habe deinen Tagesplaner griffbereit und beziehe dich immer wieder auf ihn. Einen Tagesplaner zu benutzen ist anfänglich recht schwierig, und du magst sogar das Gefühl haben, daß er dich aufhält. Doch er wird sich auf lange Sicht als wertvolles und notwendiges Hilfsmittel in deinem Leben erweisen.

4. Schreibe deinen Plan in allen Einzelheiten auf.
5. Halte dich täglich an diesen Plan.
6. Mache dir ein detailliertes Bild von deinem erwünschten Endziel.
7. Sei flexibel im Hinblick auf unerwartete Ereignisse und passe den Plan entsprechend an.

Denke daran, es dauert nur einen Augenblick, um eine Anweisung Gottes zu erhalten. Aber seinen Plan zu empfangen, erstreckt sich über das ganze Leben.

Ich lerne, auch über den Augenblick hinaus, in dem ich einen Befehl des Herrn gehört habe, im „Versteck Gottes" zu bleiben. Denn wenn ich länger in seiner Nähe verweile, fängt Er an, mir seinen Plan zu eröffnen, wie diese Anweisungen, die Er mir gegeben hat, in die Tat umgesetzt werden und zustande kommen können.

Noah hörte in einem Moment: „Baue eine Arche!" Doch er mußte länger hinhören, um die Einzelheiten über den Bau einer sicheren Arche und den Plan für die Bewohner zu erfahren.

## 3 wirksame Zutaten

Es gibt deshalb drei wirksame Zutaten, die für einen erfolgreichen Plan unerläßlich sind. Beginnen sollte deine Planung mit …

1. Zeit im „Versteck" bei Gott:

   *Wer im Schutz [Versteck*] des Höchsten wohnt, bleibt im Schatten des Allmächtigen.*

   Psalm 91, 1 (* Anmerkung in der Fußnote)

   Die Zeit, die du im „Versteck" bei Gott verbringst, wird nämlich über deine Stärke in der Öffentlichkeit bestimmen:

   *Aber die auf den Herrn hoffen, gewinnen neue Kraft: sie heben die Schwingen empor wie die Adler, sie laufen und ermatten nicht, sie gehen und ermüden nicht.*

   Jesaja 40, 31

2. In deine Planung solltest du deine Berater miteinbeziehen:

   *Zwei sind besser daran als ein einzelner, weil sie einen guten Lohn für ihre Mühe haben.*

   Prediger 4, 9

   Weise Ratgeber können dich vor Fehlern bewahren:

   *Wo es an Führung fehlt, kommt ein Volk zu Fall, doch kommt Rettung durch viele Ratgeber.*

   Sprüche 11, 14

   Weil David selbst ein sehr weiser Mann war, wußte er, wie er sich die geistige Fähigkeit und die Salbung anderer zunutze machen konnte:

   *Und von den Söhnen Issaschar solche, die die Zeiten zu beurteilen verstanden und wußten, was Israel tun mußte: ihre Oberhäupter 200, und alle ihre Brüder unter ihrem Befehl.*

   1. Chronik 12, 33

3. In deine Planung solltest du beständig den Rat deines lebenslangen Ratgebers, des Heiligen Geistes, einbeziehen:

   *Der Beistand aber, der Heilige Geist, den der Vater senden wird in meinem Namen, der wird euch alles lehren und euch an alles erinnern, was ich euch gesagt habe.*

   Johannes 14, 26

Noch eine Schlußbemerkung. Denke darüber nach: Das Hochzeitsmahl des Lammes wird schon seit über 6.000 Jahre vorausgeplant. Stell dir einmal vor, wie herrlich, wie majestätisch und wie eindrucksvoll es sein wird!

***Je durchdachter ein Plan, desto erfolgreicher und nachhaltiger wird das Ergebnis ausfallen.***

# Tatsache 16

## Deine Berufung kann Wartezeiten beinhalten

### Auf Gott zu warten ist ein Vertrauensbeweis

Unsere Wartezeiten geben Gott die Gelegenheit, unsere Probleme, denen wir in unserem christlichen Leben begegenen, in Angriff zu nehmen, und zwar auf wunderwirkende Weise. Gott ist ein Gott, der Wunder tut. Wenn du Ihm jedoch vorauseilst, raubst du Ihm die Gelegenheit, seine Kraft in deinem Leben zu erweisen. Lerne deshalb zu warten.

### 13 Gründe, warum es sich lohnt, auf Gott zu warten

1. Warten bringt Geduld hervor. Geduld ist eine Saat, die die erwünschte Ernte erzeugt. Für Geduld wird man immer belohnt:

   *Gewinnt eure Seelen durch euer Ausharren.*

   Lukas 21, 19

   *Durch Glauben empfing er auch mit Sara, obwohl sie unfruchtbar war, Kraft, Nachkommenschaft zu zeugen, und zwar über die geeignete Zeit des Alters hinaus, weil er den für treu erachtete, der die Verheißung gegeben hatte.*

   Hebräer 11, 11

2. Wartezeiten sind keine vergeudete Zeiten:

   *Das Ausharren aber soll ein vollkommenes Werk haben, damit ihr vollkommen und vollendet seid und in nichts Mangel habt.*

   Jakobus 1, 4

3. Durch Warten erzielen wir garantiert positive Ergebnisse:

*Gut ist der Herr zu denen, die auf ihn harren, zu der Seele, die nach ihm fragt. Es ist gut, daß man schweigend hofft auf die Rettung des Herrn.*

Klagelieder 3, 25–26

4. Wartezeiten sind Lernzeiten. Solange du lernst, wirst du nichts verlieren. Deine Berufung wird Kampf erforderlich machen. Kämpfe sind ganz normal im Bereich deiner Berufung. Die Integrität eines Generals verlangt, daß er seine Soldaten für den Kampf ausbildet. Gott wird dich während der Wartezeiten trainieren und lehren:

*Gepriesen sei der Herr, mein Fels, der meine Hände unterweist zum Kampf, meine Finger zum Krieg …*

Psalm 144, 1

Dein Fleisch wird gegen das Warten aufbegehren. Warten mißfällt ihm. Es möchte handeln. Es möchte aktiv sein. Durch Warten wird dein fleischliches Verlangen zum Absterben gebracht.

Dein Fleisch wird gegen das Warten aufbegehren. Warten mißfällt ihm. Es möchte handeln.

5. Warten wird die wahren Motive und Absichten derer ans Licht bringen, mit denen du es zu tun hast. Die wahren Beweggründe lassen sich nicht immer so leicht erkennen. Deshalb wollte Joseph warten, bevor er seinen Brüdern seine Identität preisgab, die während einer Hungersnot im Land zu ihm gekommen waren, um ihn um Nahrungsmittel zu bitten. Josephs Brüder wußten nicht, daß er mit ihnen verwandt war. Er aber erkannte sie. Zweifellos war sein Verlangen, sich ihnen zu erkennen zu geben, groß. Doch er wußte, daß man sich nur begrenzt auf seine Intuition verlassen kann. Er erinnerte sich daran, wie seine Brüder darauf reagierten, als er ihnen voller Begeisterung seine Träume erzählt hatte – sie verkauften ihn daraufhin an Sklavenhändler.

Weise Männer verlassen sich niemals auf ihre Intuition – sie verlassen sich auf Erprobtes.

- Junge Menschen *vertrauen.*
- Weise Menschen *prüfen.*

6. Wenn du wartest, beweist du damit, daß du Gott vertraust, aber auch, daß du bereit bist, Menschen auf die Probe zu stellen. Das ist biblisch:

   *Diese denken an Wagen und jene an Rosse, wir aber denken an den Namen des Herrn, unseres Gottes.*

   Psalm 20, 8

   Du mußt wissen, daß die falschen Leute ihre Fehler lange Zeit verborgen halten können, doch durch Abwarten wird die Wahrheit ans Licht gebracht.

7. Warten gibt dir die Möglichkeit, präzise und unverfälschte Informationen zu sammeln. Die Qualität deiner Informationen bestimmt die Qualität deiner Entscheidungen. Und die Qualität deiner Entscheidungen steht in direktem Zusammenhang mit deiner Lebensqualität.

8. Warten führt dich in die Wahrheit hinein.

9. Längeres Warten führt dich in noch mehr Wahrheit hinein.

10. Noch längeres Warten führt dich in ausreichende Wahrheit hinein.

11. Du wirst niemals Gottes Eingreifen erleben, wenn du dich in deinem Leben auf Menschen verläßt. Wenn du nicht bereit bist, auf übernatürliches Wirken zu warten, wird dies unweigerlich jedes Mal zu einer Tragödie führen.

    Wenn du einen Lehrgang Abrahams hättest besuchen können, hätte er unter Tränen tausendmal zu dir gesagt: „Zeuge keinen Ismael in deinem Leben. Warte die von Gott festgesetzte Zeit ab. Er wird immer erfüllen, was Er versprochen hat."

Dein Vater kennt dich sehr gut. Er ist nicht schwach. Er ist nicht müde. Sein Verständnis hat keine Grenzen.

12. Durch Warten werden wir stärker:

*Er gibt den Müden Kraft und dem Ohnmächtigen mehrt er die Stärke. Jünglinge ermüden und ermatten, und junge Männer straucheln und stürzen. Aber die auf den Herrn hoffen, gewinnen neue Kraft: sie heben die Schwingen empor wie die Adler, sie laufen und ermatten nicht, sie gehen und ermüden nicht.*

Jesaja 40, 29–31

13. Warten ist eine Waffe, und Satan möchte nicht, daß du diese Waffe jemals entdeckst:

*... damit wir nicht vom Satan übervorteilt werden; denn seine Gedanken sind uns nicht unbekannt.*

2. Korinther 2, 11

***Die von Gott festgesetzte Zeit abzuwarten wird im Hinblick auf deine Bestimmung die gewünschten Ergebnisse hervorbringen.***

# Tatsache 17

## Deine Berufung wird Schritt für Schritt enthüllt

### Deine Puzzle-Teile lassen Stück für Stück das Bild erkennen

Jeder Tag bringt neue Anhaltspunkte im Hinblick auf deine Berufung mit sich. Philippus erhielt seine Anweisungen vom Heiligen Geist Schritt für Schritt. Zuerst ...

> *Ein Engel des Herrn aber redete zu Philippus und sprach: Steh auf und geh nach Süden auf den Weg, der von Jerusalem nach Gaza hinabführt! Der ist öde.*
>
> Apostelgeschichte 8, 26

Du wirst die Gesamtheit deiner Berufung nicht während einer einzigen Begegnung mit Gott völlig erfassen. Er ist an einer Beziehung interessiert, nicht an einem Ereignis. Er wünscht sich, daß du dich ständig mit Ihm austauschst. Er teilt dir Informationen abschnittsweise, nicht kapitelweise mit:

> *Und so soll auch ihnen das Wort des Herrn werden: „Vorschrift auf Vorschrift, Vorschrift auf Vorschrift; Satzung auf Satzung, Satzung auf Satzung, hier ein wenig, da ein wenig" ...*
>
> Jesaja 28, 13 (*Schlachter*)

Also machte sich Philippus auf den Weg. Als er angekommen war, entdeckte er einen Eunuchen, der auf einem Wagen saß. Dieser Äthiopier, ein Kämmerer der Kandake, der Königin der Äthiopier, las Jesaja. Da erhielt Philippus die nächste Anweisung:

*Der Geist aber sprach zu Philippus: Tritt hinzu und schließe dich diesem Wagen an!*

Apostelgeschichte 8, 29

Nachdem der Eunuch getauft worden war, erhielt Philippus eine weitere Anweisung: „Philippus aber fand man zu Aschdod; und er zog hindurch und verkündigte das Evangelium allen Städten, bis er nach Cäsarea kam“ (Apg. 8, 40).

## Was du jetzt tust, entscheidet darüber, was Gott dir als nächstes zeigen wird

Du wirst die Gesamtheit deiner Berufung während einer einzigen Begegnung mit Gott nicht völlig erfassen.

Als ich noch sehr jung im Dienst war, wollte ich, daß Gott mir ein Gesamtbild meines Lebensweges gab und auch davon, wie alles enden würde. Deswegen fastete ich. Ich betete darum. Ich befolgte sogar die Ratschläge anderer ernstzunehmender Lehrer. Doch nichts geschah. Jemand hat einmal folgenden Ausdruck gebraucht: „Eins nach dem anderen.“ Wir müssen uns stündlich vom Heiligen Geist abhängig machen, um die Art von Beziehung entwickeln zu können, die Er sich mit uns wünscht.

Mose hatte dieses Prinzip sehr gut verstanden. Natürlich war dies für ihn zu bestimmten Zeiten entmutigend, doch auf diese Weise war er immer in Verbindung mit Gott und von Ihm abhängig. Mose beobachtete, wie Gott jede einzelne der Plagen über die Ägypter kommen ließ – vom Fischsterben im Nil, den Fröschen, den Mücken über die Stechfliegen, die Viehpest, bis hin zum Feuerhagel und zu den Heuschrecken – wie eine Sammlung von Katastrophen (siehe 2. Mo. 7–10).

## Selbst die kleinste Anweisung ist bedeutend

Du wirst es nicht immer verstehen. Du wirst es dir manchmal wünschen und darum beten, daß du mehr bekommst. Doch seine Methode, uns Anweisungen mitzuteilen, führt dazu, daß unser Glaube Schritt für Schritt wächst. Man könnte Gott mit einem Trainer vergleichen, der einen jungen Gewichtheber vorsichtig und geduldig anleitet, so daß sich dieser von anfänglich 25Kilogramm Hochstemmen auf der Bank schließlich auf 75 Kilogramm steigern kann. Hätte der Trainer gleich zu Beginn das volle Gewicht verlangt, wäre der junge Mann überfordert und depremiert gewesen und hätte schließlich den Mut gänzlich verloren. Dann hätte er aufgegeben.

Deshalb legt der Trainer immer gerade soviel Gewicht zu und steckt das Ziel um soviel weiter, daß die Kraft, Zuversicht und Erwartung des Sportlers allmählich zunehmen.

Nimm dir folgende Weisheit zu Herzen:

**Du kannst überall hingehen, wohin du möchtest, wenn du bereit bist, genügend kleine Schritte zu tun**

Anweisungen sind zeitabhängig. Aus diesem Grund benutzte Gott die Wolke und die Feuersäule, um Mose zu führen:

> *... und daß deine Wolke über ihnen steht und du in einer Wolkensäule vor ihnen hergehst bei Tag und in einer Feuersäule bei Nacht.*
>
> 4. Mose 14, 14

Anweisungen vom Heiligen Geist zu empfangen erinnert mich stark an die Israeliten, die ihr Manna einsammelten. Jeden Morgen mußten sie es erneut frisch einsammeln. Lediglich am Sabbat gab Er eine Extraportion, die aufgehoben werden konnte. Gott wollte, daß sie in ständiger Dankbarkeit lebten. Er wollte, daß sie von seiner Gegenwart abhängig und sich bewußt waren, wie wichtig Er für sie war.

In meinem eigenen Leben ist es mir nicht gelungen, Informationen für mehrere Jahre im voraus zu erhalten. Der Heilige Geist verlangt kontinuierliche Nachfolge. Die Botschaft, die uns durch die Austeilung des Mannas im Alten Testament vermittelt wird, ist also: Du mußt dich jeden Morgen erneut ins göttliche „Versteck“ begeben, um dort die aktuellen Anweisungen für den heutigen Tag zu bekommen.

Was du also zuerst tust, entscheidet darüber, was Gott als nächstes tun wird. Wenn ich seine erste Anweisung befolgt habe, habe ich mich für seine zweite qualifiziert:

> *Trachtet aber zuerst nach dem Reich Gottes und nach seiner Gerechtigkeit! Und dies alles wird euch hinzugefügt werden.*
>
> Matthäus 6, 33

Höre weiterhin auf seine Stimme. Der Heilige Geist redet zu dir:

> *Und wenn ihr zur Rechten oder wenn ihr zur Linken abbiegt, werden deine Ohren ein Wort hinter dir her hören: Dies ist der Weg, den geht!*
>
> Jesaja 30, 21

***Vergiß niemals, daß du nie über den Punkt hinauswachsen wirst, an dem du zuletzt ungehorsam warst.***

# Tatsache 18

## Deine Berufung wird Phasen enthalten, in denen du alleine sein wirst und Veränderung erlebst

### Der Zweck der Isolation ist es, zu lernen, sich völlig auf Gott zu konzentrieren

Weißt du, der einzige Grund warum Menschen versagen, ist, weil sie ihr Ziel aus den Augen verlieren. Wenn Satan dich ablenken will, bringt er jemanden in dein Leben, der deine Aufmerksamkeit von Gott wegzieht. Deshalb weiß der Vater in seiner grenzenlosen Weisheit, wie Er solche Ablenkungsmanöver vereiteln und unseren Blick wieder auf Ihn lenken kann.

Vielleicht erlebst du eine geistliche Trennung zwischen dir und jemandem, der mit dir zusammen für Gott gearbeitet hat:

> *Denn Demas hat mich verlassen, da er den jetzigen Zeitlauf liebgewonnen hat, und ist nach Thessalonich gegangen …*
>
> 2. Timotheus 4, 10

Es kann sein, daß du gemieden wirst und daß man dir innerhalb deines sozialen Umfelds keinen Respekt entgegenbringt:

> *Durch Glauben weigerte sich Mose, als er groß geworden war, ein Sohn der Tochter Pharaos zu heißen, und zog es vor, lieber zusammen mit dem Volk Gottes geplagt zu werden, als den zeitlichen Genuß der Sünde zu haben, indem er die Schmach des Christus für größeren Reichtum hielt als die Schätze Ägyptens; denn er schaute auf die Belohnung.*
>
> Hebräer 11, 24–26

Es kann geschehen, daß du bankrott gehst und von jeder finanziellen Sicherheit in deinem Leben abgeschnitten wirst. Dies erlebte Hiob:

*… da kam ein Bote zu Hiob und sagte: Die Rinder waren gerade beim Pflügen, und die Eselinnen weideten neben ihnen, da fielen Sabäer ein und nahmen sie weg und die Knechte erschlugen sie mit der Schärfe des Schwertes …*

Hiob 1, 14–15

Ausdauer wird immer belohnt.

*Noch redete der, da kam ein anderer und sagte: Die Chaldäer hatten drei Abteilungen aufgestellt und sind über die Kamele hergefallen und haben sie weggenommen …*

Hiob 1, 17

## 4 Schlüsselereignisse, die du für jeden neuen Lebensabschnitt erwarten kannst

1. Die Zeiten werden sich ändern:

*Und der Herr wendete das Geschick Hiobs, als der für seine Freunde Fürbitte tat. Und der Herr vermehrte alles, was Hiob gehabt hatte, auf das Doppelte.*

Hiob 42, 10

2. Ausdauer wird immer belohnt. Diese Tatsache regte Paulus zu der Ermutigung an:

*Werft nun eure Zuversicht nicht weg, die eine große Belohnung hat. Denn Ausharren habt ihr nötig, damit ihr, nachdem ihr den Willen Gottes getan habt, die Verheißung davontragt.*

Hebräer 10, 35–36

3. Gott offenbart den Sinn bestimmter Phasen unseres Lebens.

*Und du sollst an den ganzen Weg denken, den der Herr, dein Gott, dich diese vierzig Jahre in der Wüste hat wandern lassen, um dich zu demütigen, um dich zu prüfen und um zu erkennen, was in deinem Herzen ist, ob du seine Gebote halten würdest oder nicht. … um dich erkennen zu lassen, daß der Mensch nicht von Brot allein lebt. Sondern von allem, was aus dem Mund des Herrn hervorgeht, lebt der Mensch.*

5. Mose 8, 2–3

4. Deine nächste Phase wird eine Zeit sein, in der du gesegnet sein wirst:

*Denn der Herr, dein Gott, bringt dich in ein gutes Land, ein Land von Wasserbächen, Quellen und Gewässern, die in der Ebene und im Gebirge entspringen; ein Land des Weizens und der Gerste, der Weinstöcke, Feigenbäume und Granatbäume; ein Land mit ölreichen Olivenbäumen und Honig; ein Land, in dem du nicht in Armut dein Brot essen wirst, in dem es dir an nichts fehlen wird …*

5. Mose 8, 7–9

***Wenn Er es für Israel getan hat, wird Er es auch für dich tun.***

# Tatsache 19

## Halte dich niemals mit etwas auf, für das du nicht berufen bist

### Du bist nicht dazu berufen, überall zu sein

Ich war als Sprecher in eine Gemeinde im Norden Amerikas eingeladen worden. Ich war schon zwei Tage dort, und die Atmosphäre in dieser Gemeinde war so tot, wie in einem Gemeindegebäude um 4.00 Uhr morgens. Es besteht ein großer Unterschied zwischen heiligem Schweigen und Totenstille – und diese Leute waren tödlich still!

Doch ich gab nicht auf, denn eingepflanzte Wahrheit kann Leben verändern. Meine Zuhörer schauten mich an, als würden sie nicht ein Wort von dem verstehen, was ich sagte. Sie starrten mich an. Aber ich ließ mich nicht abbringen, obwohl auch ich innerlich fast gestorben wäre. Jedes Wort, das ich lehrte, war eine Qual, doch ich hielt an dem Gedanken fest, daß meine Worte schließlich Wurzeln schlagen würden.

Schließlich hielt ich inne und bat jeden der Anwesenden sein Haupt zu neigen und zu beten. „Vater“, fragte ich, „was in aller Welt läuft hier verkehrt?“

„Dies hier war dein Plan“, antwortete Er.

Also bat ich die Leute aufzustehen. Dann erklärte ich ihnen: „Ich weiß, daß wir eigentlich bis morgen abend weitermachen sollten. Ich habe jedoch in den letzten beiden Tagen, als ich gedient habe, bemerkt, daß ihr mich nur fassungslos angestarrt habt. Ihr habt keinerlei Reaktion gezeigt. Die Wahrheiten, die ich euch mitgeteilt habe, scheinen euch in keinster Weise zu begeistern oder zu ermutigen. Ihr starrt mich nur an, als ob ich gerade vom Neptun gekommen wäre. Ich glaube, ihr versteht nichts von dem, was ich euch sage. Nun habe ich den Herrn gefragt, warum das so ist, und Er hat mich aufgeklärt, daß dieser Ort, diese Gemeinde, nicht von Ihm für mich bestimmt war … ich habe eigenmächtig gehandelt. Deshalb werde ich jetzt wieder nach Dallas zurückkehren. Ich werde morgen abend nicht mehr kommen. Gott segne euch, Leute!" Und dann ging ich nach Hause.

*Jesus ging nicht dahin, wo man Ihn brauchte. Er ging dahin, wo Er erwünscht war.*

Manche finden mein Verhalten vielleicht inakzeptabel. Wenn du jedoch sorgfältiger darauf achten würdest, wofür du deine Energie, deine Liebe, deine Zeit und dein Wissen einsetzt … dann würdest du weitaus erfolgreicher in deinem Leben sein. Davon bin ich überzeugt.

Jesus ging nicht dahin, wo man Ihn brauchte. Er ging dahin, wo Er erwünscht war. Er lehrte seine Jünger:

> *Und wenn jemand euch nicht aufnehmen noch eure Worte hören wird – geht hinaus aus jenem Haus oder jener Stadt, und schüttelt den Staub von euren Füßen!*
>
> Matthäus 10, 14

## Geh dahin, wo man dich gerne sieht, nicht dorthin, wo du geduldet wirst

Sicherlich wird es Situationen geben, in denen du den Wert deiner Arbeit falsch einschätzt. Es wird Zeiten geben, wo du das Gefühl hast, daß deine Mühe vollkommen vergeblich ist, nur um einige Zeit später – nachdem du noch ein wenig Ausdauer und Entschlossenheit zugelegt hast – festzustellen, daß sich die Winde Gottes darauf vorbereitet haben zu wehen, so daß die Segnungen kommen konnten.

Es besteht ein großer Unterschied darin, ob du dein Leben dort einsetzt, wo Gott dich hinberuft, oder dort, wo du selbst hingegangen bist.

***Denke deshalb daran: Du mußt nicht dort bleiben, wo Gott dich nicht hinberufen hat.***

# Tatsache 20

# Krisen sind normal auf dem Weg zu deiner Berufung

## Gott wird nicht von Krisen überrascht

Jeder, der im Reich Gottes wirklich etwas bewirkt, sollte mit gelegentlichen Krisen rechnen.

Petrus glaubte das:

> *Geliebte, laßt euch durch das Feuer der Verfolgung unter euch, das euch zur Prüfung geschieht, nicht befremden, als begegne euch etwas Fremdes; sondern freut euch, insoweit ihr der Leiden des Christus teilhaftig seid, damit ihr euch auch in der Offenbarung seiner Herrlichkeit jubelnd freut!*
>
> 1. Petrus 4, 12–13

Hier sind nun 20 wichtige Fakten, die man sich während einer Krise unbedingt ins Gedächtnis rufen sollte:

## 20 Fakten im Hinblick auf eine Krise

1. Alle biblischen Heldenfiguren schienen ständig von einer Krise in die nächste zu geraten.

> *... sondern in allem empfehlen wir uns als Gottes Diener, in vielem Ausharren, in Bedrängnissen, in Nöten, in Ängsten, in Schlägen, in Gefängnissen, in Tumulten, in Mühen, in Wachen, in Fasten ...*
>
> 2. Korinther 6, 4–5

2. Paul erlebte Zeiten der Gunst und der Mißgunst:

   *... durch Ehre und Unehre, durch böse und gute Nachrede, als Verführer und Wahrhaftige; als Unbekannte und Wohlbekannte; als Sterbende, und siehe, wir leben; als Gezüchtigte und doch nicht getötet; als Traurige, aber allezeit uns freuend; als Arme, aber viele reich machend; als nichts habend und doch alles besitzend.*

   2. Korinther 6, 8–10

Alle biblischen Helden schienen ständig von einer Krise in die nächste zu geraten.

3. Jesus ging durch zahlreiche Krisen, die schließlich mit der Kreuzigung zu enden schienen. Doch selbst bei seiner Kreuzigung wurde Er von seinen Feinden verlacht und verspottet. Sogar seine Auferstehung wurde von Tausenden angezweifelt (siehe Mt. 27, 40–43).

4. Eine Krise ist stets das Sprungbrett für eine Weiterentwicklung. Jeder Held mußte schwierige Situationen überwinden.

   - Daniel wurde in die Löwengrube geworfen.
   - Daniels drei Freunde, Schadrach, Meschach und Abed-Nego, wurden in den Feuerofen gesteckt.
   - Hiob verlor seine Kinder, seinen Besitz und seine Gesundheit.
   - Elias Bach vertrocknete.
   - Die Witwe in Zarpat bereitete während einer Hungersnot ihre letze Mahlzeit zu, um dann zu sterben.
   - Joseph bekam den Haß seiner Brüder zu spüren, es wurden falsche Beschuldigungen gegen ihn vorgebracht. Nachdem er den Traum des Mundschenk gedeutet hatte, wurde er 2 Jahre lang im Gefängnis vergessen.
   - Isaak hatte einen törichten Sohn namens Esau und einen verschlagenen, manipulierenden Sohn, Jakob.

Der Besuch eines Lehrseminars würde uns guttun. Stell dir folgendes Szenarium vor: Halte einen Moment inne und besuche in Gedanken einen Workshop, zu dem ein weltbekannter Missionar und Evangelist als Sprecher eingeladen ist. Der Raum ist brechend voll von jungen Predigern, die alle gespannt auf die Erkenntnisse sind, die sie von diesem Mann empfangen werden. Während du durch die Tür gehst, hältst du Ausschau nach einem großen, gutaussehenden und kräftigen Mann, einer imposanten, dynamischen Erscheinung mit großer Anziehungskraft. Du fragst nach ihm, und man deutet auf einen schielenden, kleinwüchsigen und o-beinigen Mann, der vorne auf der Plattform spricht. Dieser Mann ist Paulus.

Hör ihn dir an:

> *Sie sind Diener Christi? – Ich rede unsinnig – ich über die Maßen. In Mühen um so mehr, in Gefängnissen um so mehr, in Schlägen übermäßig, in Todesgefahren oft. Von den Juden habe ich fünfmal vierzig Schläge weniger einen bekommen. Dreimal bin ich mit Ruten geschlagen, einmal gesteinigt worden; dreimal habe ich Schiffbruch erlitten; einen Tag und eine Nacht habe ich in Seenot zugebracht; oft auf Reisen, in Gefahren von Flüssen, in Gefahren von Räubern, in Gefahren von meinem Volk, in Gefahren von den Nationen, in Gefahren in der Stadt, in Gefahren in der Wüste, in Gefahren auf dem Meer, in Gefahren unter falschen Brüdern; in Mühe und Beschwerde, in Wachen oft, in Hunger und Durst, in Fasten oft, in Kälte und Blöße; außer dem übrigen noch das, was täglich auf mich eindringt: die Sorge um alle Gemeinden. Wer ist schwach, und ich bin nicht schwach? Wer nimmt Anstoß, und ich brenne nicht?*
>
> 2. Korinther 11, 23–29

Paulus beschwert sich in dieser Textpassage nicht. Er triumphiert!

> *Wenn gerühmt werden muß, so will ich mich der Zeichen meiner Schwachheit rühmen.*
>
> 2. Korinther 11, 30

5. Paulus wußte, daß eine Krise die Kraft und Stärke Gottes ins Spiel bringt. Er fährt fort:

*Und er hat zu mir gesagt: Meine Gnade genügt dir, denn meine Kraft kommt in Schwachheit zur Vollendung. Sehr gerne will ich mich nun vielmehr meiner Schwachheiten rühmen, damit die Kraft Christi bei mir wohne. Deshalb habe ich Wohlgefallen an Schwachheiten, an Mißhandlungen, an Nöten, an Verfolgungen, an Ängsten um Christi willen; denn wenn ich schwach bin, dann bin ich stark.*

2. Korinther 12, 9–10

6. Paulus nahm seine Krisenzeiten in Kauf:

*... wenn wir ausharren, werden wir auch mitherrschen ...*

2. Timotheus 2, 12

*... wenn wir wirklich mitleiden, damit wir auch mitverherrlicht werden. Denn ich denke, daß die Leiden der jetzigen Zeit nicht ins Gewicht fallen gegenüber der zukünftigen Herrlichkeit, die an uns geoffenbart werden soll.*

Römer 8, 17–18

7. Paulus erwartete, dafür Anerkennung zu bekommen und belohnt zu werden, daß er seine Krisen überlebte. In seiner Stimme schwang große Freude, Begeisterung und Energie mit:

*Ich habe den guten Kampf gekämpft, ich habe den Lauf vollendet, ich habe den Glauben bewahrt; fortan liegt mir bereit der Siegeskranz der Gerechtigkeit, den der Herr, der gerechte Richter, mir als Belohnung geben wird an jenem Tag: nicht allein aber mir, sondern auch allen, die sein Erscheinen liebgewonnen haben.*

2. Timotheus 4, 7–8

8. Paulus erinnerte sich an die Zeit, in der seine Schwierigkeiten aus seiner Unwissenheit resultierten und nicht aufgrund dessen, daß er mit Gott zusammenarbeitete, um seine Bestimmung zu erfüllen:

*Denn einst waren auch wir unverständig, ungehorsam, gingen in die Irre, dienten mancherlei Begierden und Lüsten, führten unser Leben in Bosheit und Neid, verhaßt, einander hassend. Als aber die Güte und die Menschenliebe unseres Heiland-Gottes erschien, errettete er uns, nicht aus Werken, die, in Gerechtigkeit vollbracht, wir getan hätten, sondern nach seiner Barmherzigkeit durch die Waschung der Wiedergeburt und Erneuerung des Heiligen Geistes. Den hat er durch Jesus Christus, unseren Heiland, reichlich über uns ausgegossen, damit wir, gerechtfertigt durch seine Gnade, Erben nach der Hoffnung des ewigen Lebens wurden.*

Titus 3, 3–7

10. Der Apostel Paulus kannte auch die andere Seite von Leiden und Krisen:

*... sondern freut euch, insoweit ihr der Leiden des Christus teilhaftig seid, damit ihr euch auch in der Offenbarung seiner Herrlichkeit jubelnd freut! Wenn ihr im Namen Christi geschmäht werdet, glückselig seid ihr! Denn der Geist der Herrlichkeit und Gottes ruht auf euch.*

1. Petrus 4, 13–14

11. Jakobus sah den Siegeskranz des Lebens, der für durchgestandene Krisen vergeben wird:

*Glückselig der Mann, der die Versuchung erduldet! Denn nachdem er bewährt ist, wird er den Siegeskranz des Lebens empfangen, den er denen verheißen hat, die ihn lieben.*

Jakobus 1, 12

12. Jakobus wußte, daß Krisen Geduld erzeugen:

*... indem ihr erkennt, daß die Bewährung eures Glaubens Ausharren bewirkt.*

Jakobus 1, 3

13. Und Jakobus wußte, daß durch Geduld und Ausharren jedes Wunder geschehen und jede Versorgung möglich ist, die man benötigt:

*Das Ausharren aber soll ein vollkommenes Werk haben, damit ihr vollkommen und vollendet seid und in nichts Mangel habt.*

Jakobus 1, 4

14. Laß dich durch das Wissen trösten, daß du in jeder Krise einen göttlichen Gefährten hast:

*… Fürchte dich nicht, denn ich habe dich erlöst! Ich habe dich bei deinem Namen gerufen, du bist mein. Wenn du durchs Wasser gehst, ich bin bei dir, und durch Ströme, sie werden dich nicht überfluten. Wenn du durchs Feuer gehst, wirst du nicht versengt werden, und die Flamme wird dich nicht verbrennen.*

Jesaja 43, 1–2

15. Deine Krise wird vorübergehen:

*Denn einen Augenblick stehen wir in seinem Zorn, ein Leben lang in seiner Gunst; am Abend kehrt Weinen ein, und am Morgen ist Jubel da.*

Psalm 30, 6

16. Lerne, dir die Belohnungen, die auf eine Krise folgen, bildlich vorzustellen:

*Alle Züchtigung scheint uns zwar für die Gegenwart nicht Freude, sondern Traurigkeit zu sein; nachher aber gibt sie denen, die durch sie geübt sind, die friedvolle Frucht der Gerechtigkeit. Darum „richtet auf die erschlafften Hände, und die gelähmten Knie", und „macht gerade Bahn für eure Füße!" Damit das Lahme nicht abirre, sondern vielmehr geheilt werde.*

Hebräer 12, 11–13

17. Besprich deine Probleme niemals mit jemandem, der nicht in der Lage ist, sie zu lösen:

*Ein Tor läßt seiner ganzen Erregung freien Lauf, aber ein Weiser hält sie zurück.*

Sprüche 29, 11 (*Einheitsübersetzung*)

18. Durch eine Krise wirst du mehr lernen als durch irgendeinen Sieg:

*… und lernte, obwohl er Sohn war, an dem, was er litt, den Gehorsam …*

Hebräer 5, 8

19. Eine Krise ist eine Zeit, in der Gott die Gelegenheit hat, seine Liebe und seine übernatürliche Kraft in deinem Leben zu offenbaren:

> *Und er hat zu mir gesagt: Meine Gnade genügt dir, denn meine Kraft kommt in Schwachheit zur Vollendung. Sehr gerne will ich mich nun vielmehr meiner Schwachheiten rühmen, damit die Kraft Christi bei mir wohne. Deshalb habe ich Wohlgefallen an Schwachheiten, an Mißhandlungen, an Nöten, an Verfolgungen, an Ängsten um Christi willen; denn wenn ich schwach bin, dann bin ich stark.*
>
> 2. Korinther 12, 9–10

20. Wenn du während einer Krise mehr Zeit im „Versteck Gottes", in deiner „Gebetsstube" verbringst, wirst du geschützt sein:

> *Denn er wird mich bergen in seiner Hütte am Tag des Unheils, er wird mich verbergen im Versteck seines Zeltes; auf einen Felsen wird er mich heben. Und nun wird mein Haupt sich erheben über meine Feinde rings um mich her. Opfer voller Jubel will ich opfern in seinem Zelt, ich will singen und spielen dem Herrn.*
>
> Psalm 27, 5–6

***Eine Krise ist stets ein Ausweg aus deiner gegenwärtigen Situation … sie ist die Tür zu deiner Beförderung.***

# Tatsache 21

## Deine Berufung erfordert Zeiten intensiven Betens und Fastens

### Sieger machen Gebrauch von der Waffe des Fastens

Das Ziel des Fastens ist nicht, deine Gesundheit zu ruinieren. Vielmehr geht es beim Fasten darum, eine Zeitlang auf etwas zu verzichten, das du liebst – um Gottes Eingreifen einzuleiten, damit du etwas erhältst, das du nicht hast.

Während meines Dienstes und während meines bisherigen Lebens habe ich schon des öfteren 3 Tage in der Woche gefastet. Und aufgrund dieser Selbstdisziplin habe ich einige eindrucksvolle Lektionen gelernt. Ich habe entdeckt, wie bedeutungsvoll es ist, worauf man seine vollkommene Aufmerksamkeit während der Mahlzeiten richtet. Manchmal ist es nämlich besser, wenn man auf die Gesellschaft von Freunden verzichtet, die gemeinsam in ein Restaurant zum Essen gehen – um sich statt dessen zu einer Gebetszeit mit Ihm zurückzuziehen.

Es gibt verschiedene Arten des Fastens. Manche Leute verzichten 3 Tage lang auf Wasser und Nahrungsmittel. Andere trinken zwar Wasser, essen aber 7, 21 oder sogar 40 Tage lang nicht. Worauf es ankommt, ist, daß man vom Heiligen Geist geführt ist. (Es ist außerdem klug, den Rat eines Arztes einzuholen, um alle gesundheitlichen Risiken auszuschalten.)

## Ungewöhnliche Kriegsführung erfordert ungewöhnliche Waffen

Jesus betrachtete Gebet und Fasten als wirkungsvolle Waffen. Dämonische Mächte sind diesen Waffen immer unterlegen. Ich bin so dankbar, daß der Leib Christi aufwacht und sich wieder bewußt wird, welchen bemerkenswerten Einfluß wir haben, wenn wir beten und zu gewissen Zeiten fasten.

## 23 wichtige Fakten zum Thema Fasten

1. Gott gab uns die Anweisung zu fasten:

Jesus benutzte Gebet und Fasten als wirkungsvolle Waffen

*Doch auch jetzt, spricht der Herr, kehrt um zu mir mit eurem ganzen Herzen und mit Fasten und mit Weinen und mit Klagen! Und zerreißt euer Herz und nicht eure Kleider und kehrt um zum Herrn, eurem Gott! Denn er ist gnädig und barmherzig, langsam zum Zorn und groß an Gnade, und läßt sich das Unheil gereuen.*

Joel 2, 12–13

2. Fasten hat eine starke Auswirkung in der geistlichen Welt. Als es den Jüngern nicht gelang, einen stummen Geist aus einem Jungen auszutreiben, fragten sie Jesus:

... *Warum haben wir ihn nicht austreiben können? Und er sprach zu ihnen: Diese Art kann durch nichts ausfahren als nur durch Gebet [und Fasten*].*

Markus 9, 28–29 (*Anmerkung in der Fußnote)

*Dann wurde Jesus von dem Geist in die Wüste hinauf geführt, um von dem Teufel versucht zu werden; und als er vierzig Tage und vierzig Nächte gefastet hatte, hungerte ihn schließlich.*

Matthäus 4, 1–2

3. Wenn du wichtige Entscheidungen zu treffen hast oder weichenstellende Ereignisse in deinem Leben geschehen, solltest du fasten.

Jesus tat das. Als Jesus von Johannes im Jordan getauft wurde, sah Er folgendes:

*... er sah den Geist Gottes wie eine Taube herabfahren und auf ihn kommen. Und siehe, eine Stimme kommt aus den Himmeln, welche spricht: Dieser ist mein geliebter Sohn, an dem ich Wohlgefallen gefunden habe.*

Matthäus 3, 16–17

Dann fastete Jesus. Und als Er sein Fasten beendet hatte, wählte Er seine Jünger aus:

*Als er aber am See von Galiläa entlangging, sah er zwei Brüder: Simon, genannt Petrus, und Andreas, seinen Bruder, die ein Netz in den See warfen, denn sie waren Fischer. Und er spricht zu ihnen: Kommt mir nach! Und ich werde euch zu Menschenfischern machen. Sie aber verließen sogleich die Netze und folgten ihm nach. Und als er von dort weiterging, sah er zwei andere Brüder: Jakobus, den Sohn des Zebedäus, und Johannes, seinen Bruder, im Boot mit ihrem Vater Zebedäus, wie sie ihre Netze ausbesserten; und er rief sie. Sie aber verließen sogleich das Boot und ihren Vater und folgten ihm nach.*

Matthäus 4, 18–22

4. Du solltest fasten, um einen Einfluß auf Gottes Entscheidungen zu nehmen, wenn die, die dir nahestehen, in einer Krise stecken. Das hat David getan:

   *Und David suchte Gott um des Jungen willen. Und David fastete lange. Und wenn er hineinkam, lag er die Nacht über auf der Erde. Und die Ältesten seines Hauses machten sich zu ihm auf, um ihn von der Erde aufzurichten. Aber er wollte nicht und aß kein Brot mit ihnen.*

   2. Samuel 12, 16–17

5. Du solltest regelmäßig fasten. Hanna hat das getan. Diese 84jährige Witwe und Prophetin verließ den Tempel nicht und fastete ständig:

*… und sie war eine Witwe von vierundachtzig Jahren, die wich nicht vom Tempel und diente Gott Nacht und Tag mit Fasten und Flehen.*

Lukas 2, 37

6. Wenn du fastest, trittst du in die Fußstapfen der großen biblischen Helden. Der Apostel Paulus fastete:

   *… sondern in allem empfehlen wir uns als Gottes Diener, in vielem Ausharren, in Bedrängnissen, in Nöten, in Ängsten, in Schlägen, in Gefängnissen, in Tumulten, in Mühen, in Wachen, in Fasten …*

   2. Korinther 6, 4–5

7. Du solltest oft fasten, ungeachtet der äußeren Umstände:

   *… in Mühe und Beschwerde, in Wachen oft, in Hunger und Durst, in Fasten oft, in Kälte und Blöße …*

   2. Korinther 11, 27

8. Du solltest für die Heilung deiner Kinder fasten. David hat das getan:

   *Und David suchte Gott um des Jungen willen. Und David fastete lange. Und wenn er hineinkam, lag er die Nacht über auf der Erde. Und die Ältesten seines Hauses machten sich zu ihm auf, um ihn von der Erde aufzurichten. Aber er wollte nicht und aß kein Brot mit ihnen.*

   2. Samuel 12, 16–17

9. Du solltest fasten, um politische Krisen positiv zu beeinflussen. Das tat Ester. Sie forderte alle ihre Untergebenen und viele andere dazu auf, mit ihr gemeinsam drei Tage lang zu fasten, ohne zu essen und zu trinken:

   *Da ließ Ester dem Mordechai antworten: Geh hin, versammle alle Juden, die sich in Susa befinden! Und fastet um meinetwillen und eßt nicht und trinkt nicht drei Tage lang, Nacht und Tag! Auch ich selbst werde mit meinen Dienerinnen ebenso fasten …*

   Ester 4, 15–16

10. Du solltest fasten, um einen Einfluß auf diejenigen zu haben, die eine leitende Funktion ausüben oder Machthaber sind, um ihren Respekt zu gewinnen. Königin Ester tat dies:

    *Da ließ Ester dem Mordechai antworten: Geh hin, versammle alle Juden, die sich in Susa befinden! Und fastet um meinetwillen und eßt nicht und trinkt nicht drei Tage lang, Nacht und Tag! Auch ich selbst werde mit meinen Dienerinnen ebenso fasten. Und sodann will ich zum König hineingehen, obwohl es nicht nach dem Gesetz ist. Und wenn ich umkomme, so komme ich um!*

    Ester 4, 15–16

11. In Zeiten, in denen du besonders attackiert und in die Enge getrieben wirst, solltest du fasten – wie auch David:

    *Als ich weinte und meine Seele fastete, da wurde es mir zu Schmähungen.*

    Psalm 69, 11

12. Dein Fasten wird Demut erzeugen:

    *... ich kasteite [demütigte] mit Fasten meine Seele ...*

    Psalm 35, 13

13. Du solltest fasten, um drei Bereiche deines Lebens zu beeinflussen, wie Esra, der Priester, es tat:

    1. Richtung
    2. Familie
    3. Finanzen

    *Und ich rief dort, am Fluß Ahawa, ein Fasten aus, damit wir uns vor unserem Gott demütigten, um von ihm einen geebneten Weg zu erbitten für uns und für unser Kinder und für alle unsere Habe.*

    Esra 8, 21

14. Dein Fasten ist vergeblich, wenn du nicht integer bist oder nicht die richtigen Beweggründe hast:

*Und der Herr sprach zu mir: Bitte nicht für dieses Volk zum Guten! Wenn sie fasten, werde ich nicht auf ihr Flehen hören. Und wenn sie Brandopfer und Speisopfer opfern, werde ich kein Gefallen an ihnen haben; sondern ich werde sie durch das Schwert und durch den Hunger und durch die Pest vernichten.*

Jeremia 14, 11–12

15. Du solltest fasten, um das Gericht Gottes von deinem Leben abzuwenden:

    *Heiligt ein Fasten, ruft einen Feiertag aus! ... Denn nahe ist der Tag des Herrn, und er kommt wie eine Verwüstung vom Allmächtigen.*

    Joel 1, 14–15

16. Dein Fasten hat eine Auswirkung auf deine übernatürliche Versorgung:

    *Blast das Horn auf Zion, heiligt ein Fasten ... Und der Herr antwortete und sprach zu seinem Volk: Siehe, ich sende euch das Korn und den Most und das Öl, daß ihr davon satt werdet; und ich werde euch nicht mehr zu einem Gegenstand der Verhöhnung machen unter den Nationen.*

    Joel 2, 15; 19

17. Du fastet mit dem falschen Motiv, wenn du dein Fasten öffentlich bekannt machst, um andere durch deine Geistlichkeit zu beeindrucken:

    *Und wenn du betest, sollst du nicht sein wie die Heuchler; denn sie lieben es, in den Synagogen und an den Ecken der Straßen stehend zu beten, damit sie von den Menschen gesehen werden ... Wenn ihr aber fastet, so seht nicht düster aus wie die Heuchler! Denn sie verstellen ihre Gesichter, damit sie den Menschen als Fastende erscheinen ...*

    Matthäus 6, 5; 16

18. Dein Fasten sollte im privaten Bereich und in stiller Haltung vor Gott geschehen:

*Wenn du aber fastest, so salbe dein Haupt und wasche dein Gesicht, damit du nicht den Menschen als ein Fastender erscheinst, sondern deinem Vater, der im Verborgenen ist!*

Matthäus 6, 17

19. Dein himmlischer Vater hat dir versprochen, daß Er dich in aller Öffentlichkeit für dein Fasten belohnen wird:

*Und dein Vater, der im Verborgenen sieht, wird dir [*King James Version*: öffentlich] vergelten.*

Matthäus 6, 18

20. Dein Fasten bewegt Gott dazu, deinen Feind zu vernichten:

*Blast das Horn auf Zion, heiligt ein Fasten ... und ich werde euch nicht mehr zu einem Gegenstand der Verhöhnung machen unter den Nationen. Und ich werde „den von Norden" von euch entfernen und ihn in ein dürres und ödes Land vertreiben, seine Vorhut in das vordere Meer und seine Nachhut in das hintere Meer. Und sein Gestank wird aufsteigen, und aufsteigen wird sein Verwesungsgeruch, denn großgetan hat er.*

Joel 2, 15; 19–20

21. Dein Fasten kann nach einem Verlust eine Zeit der Wiederherstellung einleiten:

*Blast das Horn auf Zion, heiligt ein Fasten ... Denn er gibt euch den Frühregen nach dem Maß der Gerechtigkeit, und er läßt euch Regen herabkommen: Frühregen und Spätregen wie früher. Und die Tennen werden voll Getreide sein und die Kelterkufen überfließen von Most und Öl. Und ich werde euch die Jahre erstatten, die die Heuschrecke, der Abfresser und der Vertilger und der Nager gefressen haben, mein großes Heer, das ich gegen euch gesandt habe. Und ihr werdet genug essen und satt werden und werdet den Namen des Herrn, eures Gottes, loben, der Wunderbares an euch getan hat. Und mein Volk soll nie mehr zuschanden werden.*

Joel 2, 15; 23–26

22. Dein Fasten kann zu einer außergewöhnlichen Erfahrung mit dem Heiligen Geist führen:

*Blast das Horn auf Zion, heiligt ein Fasten ... Und danach wird es geschehen, daß ich meinen Geist ausgießen werde über alles Fleisch. Und eure Söhne und eure Töchter werden weissagen, eure Greise werden Träume haben, eure jungen Männer werden Gesichte sehen. Und selbst über die Knechte und über die Mägde werde ich in jenen Tagen meinen Geist ausgießen.*

Joel 2, 15; 3, 1–2

23. Der geographische Ort deiner Berufung kann nach einer Fastenzeit offenbart werden:

*Während sie aber dem Herrn dienten und fasteten, sprach der Heilige Geist: Sondert mir nun Barnabas und Saulus zu dem Werk aus, zu dem ich sie berufen habe! Da fasteten und beteten sie; und als sie ihnen die Hände aufgelegt hatten, entließen sie sie. Sie nun, ausgesandt von dem Heiligen Geist, gingen hinab nach Seleuzia, und von dort segelten sie nach Zypern.*

Apostelgeschichte 13, 2–4

Der selbe Heilige Geist, der nach dieser Fastenzeit die Stadt und das Land offenbarte, in der Paulus und Barnabas ihre Berufung erfüllen sollten, sieht die Person nicht an. Er wird deine Saat der Liebe und deinen Verzicht ehren, während du dem Herrn „dienst“ und „fastest“, wie Paulus und Barnabas damals.

Jeder Glaubensheld kennt die Macht des Gebets. Diejenigen, die von dieser „Extrawaffe“ des Fastens gerne Gebrauch machen, werden größere Resultate sehen, als sie sich vorstellen können.

## 10 Tips, wie du so wirkungsvoll beten kannst, daß du die Ergebnisse erzielst, die du benötigst

1. Versuche erst gar nicht, für irgend etwas zu beten, bevor du nicht denen vergeben hast, die dir Unrecht getan haben:

*Und wenn ihr steht und betet, so vergebt, wenn ihr etwas gegen jemand habt, damit auch euer Vater, der in den Himmeln ist, euch eure Übertretungen vergebe.*

Markus 11, 25–26

2. Du mußt in deinem Herzen mit Überzeugung glauben, was du mit deinem Mund betest:

*Wahrlich, ich sage euch: Wer zu diesem Berg sagen wird: Hebe dich empor und wirf dich ins Meer! Und nicht zweifeln wird in seinem Herzen, sondern glauben, daß geschieht, was er sagt, dem wird es werden. Darum sage ich euch: Alles, um was ihr auch betet und bittet, glaubt, daß ihr es empfangen habt, und es wird euch werden.*

Markus 11, 23–24

3. Du mußt fortlaufend beten und dem Gebet deine vollkommene Aufmerksamkeit widmen:

*... wir aber werden im Gebet und im Dienst des Wortes verharren.*

Apostelgeschichte 6, 4

4. Wenn du zu deinen Familienangehörigen unfreundlich bist und ihnen nicht den nötigen Respekt entgegenbringst, kann dein Verhalten bewirken, daß deine Gebete nicht erhört werden:

*Ihr Männer ebenso, wohnt bei ihnen mit Einsicht als bei einem schwächeren Gefäß, dem weiblichen, und gebt ihnen Ehre als solchen, die auch Miterben der Gnade des Lebens sind, damit eure Gebete nicht verhindert werden!*

1. Petrus 3, 7

5. Die Gebete von Ältesten und geistlichen Leitern sind besonders wirkungsvoll, wenn du der bist, der darum bittet:

*Ist jemand krank unter euch? Er rufe die Ältesten der Gemeinde zu sich, und sie mögen über ihm beten und ihn mit Öl salben im Namen des Herrn. Und das Gebet des Glaubens wird den Kranken retten, und der Herr wird ihn aufrichten, und wenn er Sünden begangen hat, wird ihm vergeben werden. Bekennt nun einander die Sünden und betet füreinander, damit ihr geheilt werdet! Viel vermag eines Gerechten Gebet in seiner Wirkung.*

Jakobus 5, 14–16

Sei du der Initiator für das Gebet der Übereinstimmung mit deinen geistlichen Leitern, denen du dein Leben unterstellt hast. Es macht einen großen Unterschied.

6. Dein persönliches Fürbittegebet für deine Leiter kann wunderbare Veränderungen herbeiführen:

   *Petrus nun wurde im Gefängnis verwahrt; aber von der Gemeinde geschah ein anhaltendes Gebet für ihn zu Gott.*

   Apostelgeschichte 12, 5

   Wir wissen, daß der Engel des Herrn kam, die Ketten von Petrus' Händen abfielen und Petrus aus dem Gefängnis befreit wurde.

7. Du solltest einen Ort haben, an dem du täglich betest. Ich nenne den besonderen Raum, in dem ich mich täglich mit dem Heiligen Geist treffe, das „Versteck". Ich habe im ganzen Raum Altäre. Es befindet sich darin eine aufgeschlagene Bibel, große Blöcke und Stifte, und ein Kassettenrekorder, um meine Notizen aufzunehmen. In diesem Raum findet meine tägliche Verabredung mit Gott statt. Sie ist der wichtigste Abschnitt meines Tages.

8. Du solltest dich jeden Tag – ganz gezielt – zu einer bestimmten Zeit mit Gott treffen. Routine und Rhythmus bergen eine gewisse Kraft in sich. Sie sind die schwierigsten Dinge in deinem gesamten christlichen Leben. Deine persönliche Gebetszeit mit dem Heiligen Geist ist deine wirkungsvollste Waffe gegen Satan. Das Geheimnis deiner Zukunft liegt in deiner täglichen Routine verborgen.

9. Musik spielt im „Versteck" eine wichtige Rolle. Laß die ganze Zeit Lobpreis- und Anbetungsmusik auf Musikkassetten oder CDs laufen. Singe dem Herrn neue Lieder, die dir der Heilige Geist eingibt:

*... Kommt vor sein Angesicht mit Jubel ... Zieht ein in seine Tore mit Dank, in seine Vorhöfe mit Lobgesang ...*

Psalm 100, 2; 4

10. Lerne, in der Sprache des Heiligen Geistes zu beten und auszulegen, was Er dir mitteilt:

*Darum, wer in einer Sprache redet, bete, daß er es auch auslege! Denn wenn ich in einer Sprache bete, so betet mein Geist, aber mein Verstand ist fruchtleer. Was ist nun? Ich will beten mit dem Geist, aber ich will auch beten mit dem Verstand; ich will lobsingen mit dem Geist, aber ich will auch lobsingen mit dem Verstand.*

1. Korinther 14, 13–15

***Deine Bestimmung wird immer seine Gegenwart erforderlich machen.***

# Tatsache 22

## Die Erfüllung deiner Berufung ist der schlimmste Alptraum deines Feindes

### Satan haßt Menschen, die zum Ziel gelangen

Es genügt nicht anzufangen. Nur diejenigen, die bis zum Ende durchhalten, werden gerettet, befördert und belohnt. Aus diesem Grund arbeitet Satan mit Täuschungsmanövern. Wenn er ein Kind Gottes dazu bringen kann, von seinem Auftrag abzuweichen, bevor es ihn erfüllt hat, wird es zu einem weiteren Auftrag gar nicht erst kommen – das weiß er. Oder was noch schlimmer ist, er wird dich zu dem Gedanken verleiten wollen, du hättest deine Berufung bereits treu erfüllt, obwohl deine Aufgabe in Wirklichkeit noch nicht beendet ist – und auf diese Weise ist der Nährboden für weitere Kompromisse in deinem zukünftigen Leben geschaffen.

Deshalb folgen an dieser Stelle 24 Ermutigungen, die dir helfen werden, deine Berufung, die Gott in dein Herz gelegt hat, vollständig zu erfüllen.

### 24 Schlüsselhinweise, wie du deine Berufung vollenden kannst

1. Jesus brachte Dinge zu Ende. Als Er am Kreuz starb, rief Er aus:

   *... Es ist vollbracht! Und er neigte das Haupt und übergab den Geist.*

   Johannes 19, 30

Er betete folgendes zum Vater:

*Ich habe dich verherrlicht auf der Erde; das Werk habe ich vollbracht, das du mir gegeben hast, daß ich es tun sollte.*

Johannes 17, 4

2. Jesus wird sogar als VOLLENDER bezeichnet:

**Jesus erachtete Menschen, die Dinge nicht zu Ende führen, als ungeeignet für das Reich Gottes.**

*... indem wir hinschauen auf Jesus, den Anfänger und Vollender des Glaubens, der um der vor ihm liegenden Freude willen die Schande nicht achtete und das Kreuz erduldete und sich gesetzt hat zur Rechten des Thrones Gottes.*

Hebräer 12, 2

3. Es war Jesu GRÖSSTE LEIDENSCHAFT, seine Aufgabe zu VOLLENDEN. Er wollte das Ziel seiner Berufung auf der Erde erreichen. Davon war sein Denken bestimmt. Darüber redete Er, und dafür lebte Er:

*Jesus spricht zu ihnen: Meine Speise ist, daß ich den Willen dessen tue, der mich gesandt hat, und sein Werk vollbringe.*

Johannes 4, 34

4. Jesus erachtete Menschen, die Dinge nicht zu Ende bringen, als ungeeignet für das Reich Gottes:

*Jesus aber sprach zu ihm: Niemand, der seine Hand an den Pflug gelegt hat und zurückblickt, ist tauglich für das Reich Gottes.*

Lukas 9, 62

5. Der Apostel Paulus war ein Mensch, der Aufgaben VOLLENDETE:

*Ich habe den guten Kampf gekämpft, ich habe den Lauf vollendet, ich habe den Glauben bewahrt ...*

2. Timotheus 4, 7

6. Nehemia war einer, der Dinge ZU ENDE BRACHTE:

*Und die Mauer wurde am 25. des Monats Elul, in 52 Tagen fertiggestellt.*

Nehemia 6, 15

7. Salomo VOLLENDETE, was er angefangen hatte:

   *Und so vollendete Salomo das Haus des Herrn und das Haus des Königs.*

   2. Chronik 7, 11

8. Satan attackiert immer zu ganz bestimmten Zeiten. Er scheint dann zum Angriff überzugehen, wenn etwas Neues in deinem Leben am Entstehen ist, das sehr wichtig ist. Das kann der Beginn deines Dienstes sein, eine neue Offenbarung von Gott oder die Geburt eines Kindes in deiner Familie, das Gott eines Tages als Glaubenshelden benutzen möchte. Es kann auch ein bevorstehendes physisches oder finanzielles Wunder sein.

9. Satan kann nicht alles voraussehen, denn wenn er das könnte, hätte er sicherlich niemals gegen Gott rebelliert. Doch es hat den Anschein, als ob Informationen in der geistlichen Welt erkannt und verarbeitet werden. Wenn sich also eines deiner Kinder als „Sorgenkind" entpuppen sollte, dann sei dir bewußt, daß dieses Kind vielleicht mehr geistige Attacken durchzustehen hat als alle anderen Kinder zusammen. Beschütze deshalb das Kind in deiner Familie, das mehr dämonische Aufmerksamkeit auf sich zieht als alle anderen Kinder, ganz besonders. Dieses Kind hat eine noch nicht sichtbar gewordene Berufung, die von der Hölle erkannt worden ist und vor deren Erfüllung Satan sich fürchtet.

   Es gab schon viele Tage in meinem Leben ohne jegliche satanische Attacken; Tage, an denen Friede in meinen Gedanken herrschte und an denen im Büro alles völlig normal und ruhig ablief; Tage, an denen die Dinge ungehindert ihren Lauf nahmen. Doch dann, nahezu ohne jede Vorwarnung, ging plötzlich alles schief. Ich bin der Meinung, daß Dämonen nicht überall in gleicher Anzahl hingesandt werden. Ich glaube, daß sie entsprechend der Gefahr und Bedrohung, die Satan empfindet, beauftragt werden.

10. Du bist eine mächtige und wirkungsvolle Waffe im Kampf gegen Satan. Er wird dämonische Wesen mit der Aufgabe betrauen, dich von deinem Ziel abzubringen, von deiner Bestimmung abzuweichen und deine Wirkungskraft zu zerstören. Du hast die Fähigkeit, Satan großen Schaden zuzufügen. Deshalb hat er es ganz besonders auf dich abgesehen.

11. Wie viele andere, die Christus nachgefolgt sind, wirst auch du tausendmal versucht sein, dich zurückzuziehen oder von deiner Bestimmung abzuweichen:

    *Von da an gingen viele seiner Jünger zurück und gingen nicht mehr mit ihm.*

    Johannes 6, 66

12. Wenn du nach einer Entschuldigung suchst, um dich von deiner Berufung und der Salbung, die auf dir ist, abzuwenden, wirst du tausende von Ausreden finden. Ein Prediger sagte mir: „Ich kann nicht länger Pastor sein, weil meine Frau das nicht möchte." Dieser Mann wird eines Tages Gott Rede und Antwort stehen müssen.

13. Behaupte nicht, du könntest deine Berufung nicht erfüllen, weil du nicht genug Geld hast. Gott wird das 5. Buch Mose, Kapitel 28, aufschlagen und erklären: „Ich habe dir versprochen, dich zu versorgen, wenn du meine Anweisungen befolgst" (siehe 5. Mo. 28, 1–14).

14. Verweise nicht darauf, daß du von deinen Familienangehörigen angefeindet und kritisiert wirst:

    *Ihr werdet aber sogar von Eltern und Brüdern und Verwandten und Freunden überliefert werden, und sie werden einige von euch töten; und ihr werdet von allen gehaßt werden um meines Namens willen. Und nicht ein Haar von eurem Haupt wird verloren gehen.*

    Lukas 21, 16–18

15. Beschwere dich nicht darüber, daß deine Gebete anscheinend nicht beantwortet werden. Jesus wird darauf erwidern:

*Wenn ihr in mir bleibt und meine Worte in euch bleiben, so werdet ihr bitten, was ihr wollt, und es wird euch geschehen.*

Johannes 15, 7

16. Erinnere dich daran, warum du Gottes Berufung für dein Leben erfüllen sollst. Petrus gab zur Antwort:

*Simon Petrus antwortete ihm: Herr, zu wem sollten wir gehen? Du hast Worte ewigen Lebens; und wir haben geglaubt und erkannt, daß du der Heilige Gottes bist.*

Johannes 6, 68–69

17. Denke an Gottes Versprechen, das am Leben zu erhalten, was der Heilige Geist in dir angefangen hat:

*Ich bin ebenso in guter Zuversicht, daß der, der ein gutes Werk in euch angefangen hat, es vollenden wird bis auf den Tag Christi Jesu.*

Philipper 1, 6

18. Bitte freimütig und oft um die Dinge, die dich stärken werden:

*... Was ihr den Vater bitten werdet in meinem Namen, wird er euch geben. Bis jetzt habt ihr nichts gebeten in meinem Namen. Bittet, und ihr werdet empfangen, damit eure Freude völlig sei.*

Johannes 16, 23–24

19. Rufe dir ins Gedächtnis, daß Gott von dir erwartet, daß du ständig um Weisheit bittest:

*Wenn aber jemand von euch Weisheit mangelt, so bitte er Gott, der allen willig gibt und keine Vorwürfe macht, und sie wird ihm gegeben werden.*

Jakobus 1, 5

20. Entschließe dich und lege ein für allemal fest, daß du deine Berufung erfüllen und deine Aufgabe zu Ende bringen wirst:

*Er bitte aber im Glauben, ohne irgend zu zweifeln; denn der Zweifler gleicht einer Meereswoge, die vom Wind bewegt und hin und her getrieben wird. Denn jener Mensch denke nicht, daß er etwas von dem Herrn empfangen werde, ist er doch ein wankelmütiger Mann, unbeständig in allen seinen Wegen.*

Jakobus 1, 6–8

21. Führe friedvolle Unterhaltungen, statt über umstrittene Themen zu diskutieren:

*So laßt uns nun dem nachstreben, was dem Frieden, und dem, was der gegenseitigen Erbauung dient.*

Römer 14, 19

*Aber die törichten und ungereimten Streitfragen weise ab, da du weißt, daß sie Streitigkeiten erzeugen! Ein Knecht des Herrn aber soll nicht streiten, sondern gegen alle milde sein, lehrfähig, duldsam …*

2. Timotheus 2, 23–24

22. Umgehe die bekannte Falle:

*Die jugendlichen Begierden aber fliehe …*

2. Timotheus 2, 22

*Denn eine Wurzel alles Bösen ist die Geldliebe, nach der einige getrachtet haben und von dem Glauben abgeirrt sind und sich selbst mit vielen Schmerzen durchbohrt haben. Du aber, o Mensch Gottes, fliehe diese Dinge; strebe aber nach Gerechtigkeit, Gottseligkeit, Glauben, Liebe, Ausharren, Sanftmut!*

1. Timotheus 6, 10–11

23. Kämpfe hartnäckig darum, an deiner Berufung festzuhalten:

*Kämpfe den guten Kampf des Glaubens; ergreife das ewige Leben, zu dem du berufen worden bist …*

1. Timotheus 6, 12

24. Denke an Jesus. Jesus ist unser Vorbild. Er ist beispielhaft für uns. Täglich setzt Er sich im Gebet beim Vater für dich ein. Und der Heilige Geist betet hier auf der Erde für dich.

***Denke daran – es ist deine Entscheidung, ob du durchhältst.***

# Tatsache 23

## Deine Berufung kann von denen, die dir am nächsten stehen, mißverstanden werden

### Das, was uns vertraut geworden ist, übersehen wir leicht

Laß mich diese Aussage erklären. Nehmen wir einmal an, du fährst seit 5 Jahren jeden Morgen zur Arbeit. Du siehst dieselben Gebäude, dieselben Einkaufsläden und dieselben Firmengelände. Doch plötzlich entdeckst du eines Tages etwas. Du siehst ein neues Schild oder einen neuen Laden.

„Wann haben sie das gebaut?" fragst du deinen Freund.

„Das war schon immer hier!" entgegnet dein Freund verwundert. Und er hat recht. Das Gebäude oder das Schild ist schon seit Jahren da, doch es war dir so vertraut, daß dein Gehirn es mit der Zeit ignoriert hat. Ebenso verhält es sich mit deiner Familie. Du bist deinen Familienangehörigen mit den Jahren so vertraut geworden, daß jeder neue Aspekt oder jede neue Richtung im Hinblick auf deine Berufung nicht von ihnen erkannt wird, weil du eben du bist. Deshalb findest du anschließend acht Anhaltspunkte, an die du dich erinnern solltest, wenn deine Familie deine Berufung nicht versteht.

### 8 Wahrheiten, die dir helfen werden, wenn Freunde und Familienangehörige dich mißverstehen

1. Wenn unserem Verstand etwas zu vertraut wird, trifft er die Entscheidung, es zu ignorieren. Er möchte etwas Neues und anderes.

Deshalb wird, aus welchem Grund auch immer, auf einmal etwas deine Aufmerksamkeit erregen.

**Jesus machte die bitere Erfahrung der Vertrautheit.**

Wir erleben das in unserer Familie. Weil du schon so lange mit deinen Brüdern und Schwestern zusammen lebst, sind dir ihre außergewöhnliche Fähigkeiten so vertraut geworden, daß du sie gar nicht mehr wahrnimmst. Andere erkennen und honorieren sie durch anerkennende Worte, doch du reagierst gar nicht mehr auf diese Qualitäten, weil du dich schon so daran gewöhnt hast.

2. Intelligenz, Kontaktfähigkeit, Redegewandtheit und Vertrauenswürdigkeit sind keine Garantie dafür, daß man dich akzeptiert.

   Demas, der Paulus im Stich ließ, war mit dem Apostel herumgereist. Wie konnte das Evangelium, das von dem großartigen und hartnäckigen Paulus gepredigt wurde, zu etwas Gewöhnlichem werden? Und doch wurde es das. Die Neuigkeit und die Anziehungskraft des Evangeliums war zu vertraut geworden:

   *Denn Demas hat mich verlassen, da er den jetzigen Zeitlauf liebgewonnen hat, und ist nach Thessalonich gegangen ...*

   2. Timotheus 4, 10

3. Jesus machte die bittere Erfahrung der Vertrautheit.

   Jesus hatte zu spüren bekommen, was es heißt, von den eigenen Brüdern verlassen und im Stich gelassen zu werden. Sie waren so an Ihn gewöhnt und mit seinem Dasein vertraut, daß es sehr schwierig für sie war, seine Göttlichkeit und seine wahre Bedeutung zu erfassen:

   *Denn auch seine Brüder glaubten nicht an ihn.*

   Johannes 7, 5

4. Du mußt dir stets bewußt sein, daß du dich von anderen unterscheidest. Jesus wußte das:

*Da spricht Jesus zu ihnen: Meine Zeit ist noch nicht da, eure Zeit aber ist stets bereit.*

Johannes 7, 6

5. Andere spüren nicht, daß du leidest, daß du anders bist oder daß man dich im Stich gelassen hat.

   Vielleicht bist du zu einem Objekt der Verachtung oder des Spotts geworden. Jesu Familie konnte das nicht verstehen. Jesus wußte, daß sie seinen Schmerz nicht fühlen konnten:

   *Die Welt kann euch nicht hassen; mich aber haßt sie, weil ich von ihr zeuge, daß ihre Werke böse sind.*

   Johannes 7, 7

6. Deine Familie fühlt sich vielleicht an Orten wohl, an denen du dich nicht gerne aufhältst.

   Auch Jesus machte diese Erfahrung. Seine Brüder hatten Gefallen an Orten, an die Er nicht gehen wollte:

   *Geht ihr hinauf zu diesem Fest! Ich gehe nicht hinauf zu diesem Fest; denn meine Zeit ist noch nicht erfüllt.*

   Johannes 7, 8

   Auch du mußt lernen, das zu akzeptieren, denn sonst könntest du bitter, verärgert oder rachsüchtig werden, wenn deine Familienangehörigen sich dir gegenüber untreu und gleichgültig verhalten:

   *Und Jesus sprach zu ihnen: Ein Prophet ist nicht ohne Ehre, außer in seiner Vaterstadt und unter seinen Verwandten und in seinem Haus.*

   Markus 6, 4

Ich habe mir oft gewünscht, an einem „Joseph-Workshop“ teilnehmen zu können. An welche wirkungsvollen Prinzipien hielt er sich, um sein Ziel nicht aus den Augen zu verlieren, nachdem seine Familie in verraten hatte? Als er seinen Brüdern von seinem erstaunlichen Traum berichtet hatte …

- … wurde er von seinem Vater *gescholten*.
- … wurden seine Brüder *eifersüchtig* auf ihn.
- … wurde er *abgelehnt*.

*Und er erzählte es seinem Vater und seinen Brüdern. Da schalt ihn sein Vater und sagte zu ihm: Was ist das für ein Traum, den du gehabt hast? Sollen wir etwa kommen, ich und deine Mutter und deine Brüder, um uns vor dir zur Erde niederzubeugen? Und seine Brüder waren eifersüchtig auf ihn; aber sein Vater bewahrte das Wort.*

1. Mose 37, 10–11

Josephs Brüder konnten schon seine bloße Gegenwart nicht mehr ertragen. Er aber wollte bei ihnen sein, und er machte sie ausfindig. Er wollte Unterhaltung und Gesellschaft. Doch „als sie ihn von ferne sahen und bevor er sich ihnen genähert hatte, da ersannen sie gegen ihn den Anschlag, ihn zu töten“ (1. Mo. 37, 18). Was machte sie denn so zornig? Er war doch schließlich ihr jüngster Bruder!

War es sein Aussehen? War es sein Benehmen und seine Verhaltensweise? Natürlich nicht. Worüber ärgerten sie sich wirklich? Die Antwort auf diese Frage geht aus ihrer Unterhaltung über Joseph hervor:

*Und sie sagten einer zum andern: Siehe, da kommt dieser Träumer!*

1. Mose 37, 19

- Joseph *hatte* einen Traum.
- Doch seine Brüder fühlten sich durch diesen Traum *bedroht*.
- Sie *ärgerten* sich über seine Zukunftsperspektive.
- Seine Berufung erweckte in ihnen *unangenehme* Gefühle.
- Die Ziele, die Joseph hatte, machten sie *wütend*.
- Sie *mißverstanden* seine Berufung.

Ihre Vorstellungskraft war zu gering für seine Zukunft. Lies, was sie sagten:

*So kommt nun und laßt uns ihn erschlagen und ihn in eine der Zisternen werfen, und wir wollen sagen: Ein böses Tier hat ihn gefressen! …*

1. Mose 37, 20

- Sie schreckten nicht vor einer *Intrige* zurück.
- Sie schreckten nicht davor zurück zu *lügen*.
- Sie waren bereit zu *töten*.

Es waren Jospehs Träume, die sie störten, wütend machten und ärgerten. Wenn du in 1. Mose 37, 20 weiterliest, heißt es dort: „Dann werden wir sehen, was aus seinen Träumen wird."

- Berufung ist unsichtbar.
- Innere Größe ist unsichtbar.

Und doch sind diese Faktoren so machtvoll, daß andere darauf reagieren. Die Größe und die Bestimmung deines Traums kann weder zunichte gemacht, noch durch Anzweiflungen oder Haß zerstört werden. Echte innere Größe ist spürbar. Bestimmung zieht an wie ein Magnet. Innere Größe schüchtert ein. Bestimmung schüchtert ein.

## Größe fordert Schwaches heraus

Nehmen wir David. Er hütete die Schafe. Sein Vater forderte ihn auf, seinen kämpfenden Brüder etwas zu essen zu bringen. Waren diese glücklich darüber, ihn zu sehen? Waren sie begeistert, als ihr kleiner Bruder auf dem Schlachtfeld erschien?

*Und Eliab, sein ältester Bruder, hörte zu, als er mit den Männern redete. Und der Zorn Eliabs entbrannte über David, und er sagte: Warum bist du überhaupt hergekommen? Und wem hast du jene paar Schafe in der Wüste überlassen? Ich erkenne deine Vermessenheit wohl und die Bosheit deines Herzens; denn du bist ja nur hergekommen, um dem Kampf zuzusehen.*

1. Samuel 17, 28

Was ärgerte seinen Bruder wirklich?

*Und Eliab, sein ältester Bruder, hörte zu, als er mit den Männern redete ...*

1. Samuel 17, 28

Was immer David zu den anderen Soldaten sagte, brachte seinen ältesten Bruder zur Weißglut. David hatte gefragt, welche Belohnung den israelitischen Helden erwartete, der Goliat schlagen würde.

David diskutierte über die Segnungen, Privilegien und die Anreize des Siegers. Er wollte – mehr als die anderen das in Wirklichkeit wollten – etwas für seine Zukunft erreichen.

Genau darin, wo du dich wirklich von den anderen unterscheidest, liegt deine Bestimmung verborgen. Und dein „Anderssein" kann andere stören und verärgern. Es wird oft bewirken, daß andere sich in deiner Gegenwart unwohl und unzufrieden fühlen oder ärgerlich werden. Doch es wird auch darüber entscheiden, welche Errungenschaften du in deiner Zukunft hervorbringen möchtest.

7. Deine Familie ist der Prüfstein für die Träume und die Bestimmung, die Gott in dich gelegt hat.

Du kannst vor deiner Familie nicht wirklich davonlaufen. Blut verbindet. Das hat Gott so eingerichtet. Du magst wütend werden, Enttäuschungen erleben und zornig sein. Doch aus unerklärlichen Gründen wirst du dich in schwierigen Zeiten, wenn Not am Mann ist oder ein großer Verlust eingetreten ist, immer wieder deinen Familienangehörigen zuwenden.

8. Widrige Umstände können dich redegewandter machen.

Warum? Weil du gezwungen bist, gegenüber denen, die nicht glauben, zu erklären, was du fühlst, siehst und glaubst. Du bist gezwungen, deine Antriebskraft aufrechtzuerhalten, wenn du von Leuten umgeben bist, die unmotiviert sind. Und dir bleibt nichts anderes übrig, als Samen des Glaubens zu säen, wenn die Atmosphäre des Zweifels anhält.

Gott benutzt diejenigen, die dir am nächsten sind, um dich für den Kampf auf dem Schlachtfeld deiner Bestimmung zu trainieren.

Deshalb verbessere deine Fertigkeiten. Hör bei ihren Unterhaltungen genau zu. Mache dir Gedanken über ihre Kritik. Gott benutzt Zeit, um dir Bestätigung zu verschaffen, daß du recht hast. Ruhe dich in diesem Wissen aus.

Manchmal sind die Menschen, die dir am nächsten stehen, die letzten, die begreifen, um was es bei dir wirklich geht.

***Deine Familie ist dein erstes Klassenzimmer.***

# Tatsache 24

## Gott wird dir nicht zeigen, wo Er dich durchführt, – Er wird dir zeigen, wo Er dich hinführt

### Gott wird durch „Glaubensbilder“ zu dir sprechen

Ein Glaubensbild ist eine bildhafte Vorstellung von etwas, das aufgrund der Treue und den Versprechen deines himmlischen Vaters werden kann.

Habakuk kannte solche „Glaubensbilder“ sehr gut: „Auf meinen Posten will ich treten und auf den Wall mich stellen und will spähen, um zu sehen, was er mit mir reden wird und was für eine Antwort ich auf meine Klage erhalte“ (Hab. 2, 1).

Auch Abraham hatte „Glaubensbilder“ gesehen. Nachdem sein Neffe Lot sich wegen des Streits zwischen ihren Angestellten von ihm getrennt hatte, sprach Gott zu Abraham: „Erheb doch deine Augen, und schaue von dem Ort, wo du bist, nach Norden und nach Süden, nach Osten und nach Westen! Denn das ganze Land, das du siehst, dir will ich es geben und deinen Nachkommen für ewig“ (1. Mo. 13, 14–15).

Manchmal entstehen diese Glaubensbilder in unserem Innern, wo sie an den Wänden unserer Vorstellungskraft hängen. Manchmal sind sie auch sorgfältig ausgesucht worden, bevor sie die Wände unseres Hauses zieren. Wie dem auch sei – sie sind sehr, sehr wichtig. Deshalb folgen an dieser Stelle 17 lebensverändernde Prinzipien und Weisheiten im Hinblick auf „Glaubensbilder", die Gott in deinem Leben benutzen wird.

### 17 Prinzipien in bezug auf lebensverändernde „Glaubensbilder"

1. Was immer du siehst, kannst du erreichen.

   Geistige Bilder helfen dir, dich auf das Ziel zu konzentrieren. Deine Konzentration bestimmt dein Verhalten.

2. Gott kann dir Bilder geben, die Ereignisse in deiner Zukunft beschreiben.

   Was immer du siehst, kannst du erreichen.

   Er gab Abraham ein Glaubensbild von seinen zukünftigen Kindern:

   *Und ich will deine Nachkommen machen wie den Staub der Erde, so daß, wenn jemand den Staub der Erde zählen kann, auch deine Nachkommen gezählt werden.*

   1. Mose 13, 16

3. Gott wird dir nicht immer ein Bild von den Angriffen geben, die du in Zukunft erleben wirst.

   Gott gab Abraham kein Bild von den Anfechtungen und Schwierigkeiten, die vor ihm lagen. Er zeigte ihm nichts über Ismael, seinen aufgrund von Zweifeln und Unglauben mit Saras Magd Hagar gezeugten Sohn. Auch in seinen Träumen erhielt Abraham keine Bilder von Sodom und Gomorra und deren Zerstörung. Ebensowenig wurde ihm ein Bild von dem schrecklichen Erlebnis mit Abimelech, dem König von Gerar gezeigt. Statt dessen zeigte ihm Gott Bilder von dem Endziel, das er erreichen würde, nicht aber von den Erfahrungen, die er auf dem Weg zur Erfüllung seiner Ziele und Träume machen würde.

4. Gott kann durch Träume zu dir sprechen.

   Nachts in seinen Träumen zeigte Gott Joseph ein Bild von seiner Regentschaft:

*Und er sagte zu ihnen: Hört doch diesen Traum, den ich gehabt habe: Siehe, wir banden Garben mitten auf dem Feld, und siehe, meine Garbe richtete sich auf und blieb auch aufrecht stehen; und siehe, eure Garben stellten sich ringsum auf und verneigten sich vor meiner Garbe. Da sagten seine Brüder zu ihm: Willst du etwa König über uns werden, willst du gar über uns herschen? Und sie haßten ihn noch mehr wegen seiner Träume und wegen seiner Reden. Und er hatte noch einen anderern Traum, auch den erzählte er seinen Brüdern und sagte: Siehe, noch einen Traum hatte ich, und siehe, die Sonne und der Mond und elf Sterne beugten sich vor mir nieder.*

1. Mose 37, 6–9

5. Glaubensbilder motivieren dich, sie anzustreben.

Sie erwecken in uns die Energie, unsere Träume zu verfolgen. Und sie setzen Glauben in uns frei:

*Und siehe, eine Frau, die zwölf Jahre blutflüssig war, trat von hinten herzu und rührte die Quaste seines Gewandes an; denn sie sprach bei sich selbst: Wenn ich nur sein Gewand anrühre, so werde ich geheilt werden. Jesus aber wandte sich um, und als er sie sah, sprach er: Sei guten Mutes, Tochter! Dein Glaube hat dich geheilt. Und die Frau war geheilt von jener Stunde an.*

Matthäus 9, 20–22

Diese Frau hatte ein „Glaubensbild“. In ihrer Vorstellung sah sie etwas. Sie glaubte ernsthaft, daß etwas geschehen würde, wenn sie seine Kleider anfassen würde. Und so war es. Ein solcher Moment wird gelegentlich als „Kontaktpunkt“ bezeichnet.

Ein „Kontaktpunkt“ ist alles, was Gott als Werkzeug benutzt, um deinen Glauben zu entfachen oder in eine bestimmte Richtung zu dirigieren. Ein Kontaktpunkt wird immer von dir hergestellt.

6. Dein Glaubensbild ist ein Geschenk Gottes an dich, um deinen Glauben freizusetzen.

Als Elia Naaman angewiesen hatte, siebenmal im Jordan zu baden, folgte Naaman dieser Aufforderung und wurde von seinem Aussatz geheilt. Jesus inspirierte bei der Hochzeit zu Kana zu einem Glaubensbild, als Er den Dienern auftrug, die Wasserkrüge mit Wasser zu füllen. Die Diener gehorchten, und das Wasser wurde in Wein verwandelt.

7. Bilder des Wohlstands aktivieren deinen Glauben.

Elia nutzte die Kraft der Glaubensbilder, als er der Witwe von Zarpat versprach, daß sie versorgt werden würde:

*Denn so spricht der Herr, der Gott Israels: Das Mehl im Topf soll nicht ausgehen und das Öl im Krug nicht abnehmen bis auf den Tag, an dem der Herr Regen geben wird auf den Erdboden.*

1. Könige 17, 14

8. Dein Glaubensbild stärkt dich in schwierigen Zeiten.

Jesus hatte ein Bild von seinem Sieg vor Augen, an dem Er sich festhielt. Es gab Ihm Kraft und vermittelte Ihm eine Zielrichtung. Durch dieses Bild entwickelte Er Ausdauer und Durchhaltevermögen. Jesus, „der um der vor ihm liegenden Freude willen die Schande nicht achtete und das Kreuz erduldete und sich gesetzt hat zur Rechten des Thrones Gottes“ (Hebr. 12, 2).

9. Halte nächtliche Träume, die dich zur Änderung deines Verhaltens anregen, immer schriftlich fest.

Träume können häufig bewirken, daß Kinder sich plötzlich für ihre Eltern interessieren und ihnen mehr Wertschätzung entgegenbringen. Vielleicht haben sie geträumt, daß ihre Eltern nicht mehr da oder sogar tot waren. Träume könenn motivieren. Sie können korrigieren.

Einer meiner Freunde besucht regelmäßig Krankenhäuser. Er sagt, daß es ihn dazu motiviert, Sport zu treiben, sich gesund zu ernähren und auf seinen Körper zu achten, wenn er die Menschen dort sieht. Gott kann also viele verschiedene Methoden benutzen, um dir ein lebendiges Glaubensbild zu vermitteln.

Wie wichtig ist ein Bild? Stell diese Frage der Alkohol- und Tabakindustrie. Sie bezahlen über 780.000 Euro für 30 Sekunden Werbung während der Weltmeisterschaft, um ihre „Bilder" im Fernsehen auszustrahlen. Versuche einmal Sendezeit zur besten Tageszeit zu kaufen. Es würde die meisten von uns bankrott machen. Die Macht der Bilder kann gar nicht überbewertet werden.

10. Weise falsche Bilder des Zweifels und des Unglaubens von dir.

    Falsche Bilder können falsche Gefühle und Zukunftsperspektiven erzeugen. Falsche Bilder können unschuldige Kinder verunreinigen und verderben. Sie haben Kinder dazu angestiftet, ihre Eltern im Schlaf zu ermorden. Falsche Fernsehsendungen haben das Gewissen der heutigen Generation von Jugendlichen nahezu vollständig zerstört.

11. Wenn ein falsches Bild dein Leben zerstören kann, ist ein wunderbares, klares und herrliches Bild von Gott um so mehr in der Lage, dein Leben von Grund auf zum Guten hin zu verändern.

12. Das Bild, das deine Gedanken beherrscht, wird dein Verhalten und Handeln bestimmen.

    Wie ich bereits anhand Abrahams Beispiel betont habe, zeigt Gott dir sehr selten Bilder von bevorstehenden Anfechtungen oder „Feuerofen-Erfahrungen". Warum? Wenn Er dir nur Bilder von zukünftigen Angriffen und Schwierigkeiten zeigen würde, würdest du die zu erwartenden Widerwärtigkeiten behandeln, als seien sie deine Bestimmung und nicht wie ERFAHRUNGEN AM RANDE , was sie in Wirklichkeit sind.

## Was du siehst, wirst du anstreben

Das, was du siehst, erzeugt Verlangen in dir.

Hat es dich einmal plötzlich überkommen, zum Kühlschrank zu gehen und etwas zu essen, nachdem du im Fernsehen eine bestimmte Werbung für Lebensmittel gesehen hattest? Natürlich. Oder hast du eine Werbesendung über körperliche Fitness gesehen und dich angespornt gefühlt, Mitglied in einem Fitness-Studio zu werden, dir einen Jogging-Anzug zu kaufen oder regelmäßig zu walken oder zu joggen? Sicherlich ist es dir auch schon so ergangen.

13. Was du hörst, hat einen Einfluß darauf, was du zu anderen sagst:

*... sondern was er hören wird, wird er reden ...*

Johannes 16, 13

## Bilder beeinflussen unser Verhalten

14. Es ist sehr wichtig, daß du die richtigen Bilder siehst und daß du falsche Vorstellungen von Versagen und Niederlagen, die dich entmutigen, vermeidest.

Als Mose die zwölf Kundschafter nach Kanaan sandte, um den siegreichen Einmarsch in das verheißene Land vorzubereiten, kehrten diese mit imaginären Bildern zurück, die von Minderwertigkeit, Versagen und Unglauben geprägt waren:

*Aber die Männer, die mit ihm hinaufgezogen waren, sagten: Wir können nicht gegen das Volk hinaufziehen, denn es ist stärker als wir. Und sie brachten unter den Söhnen Israel ein böses Gerücht über das Land auf, das sie ausgekundschaftet hatten, und sagten: Das Land, das wir durchzogen haben, um es zu erkunden, ist ein Land, das seine Bewohner frißt; und alles Volk, das wir darin gesehen haben, sind Leute von hohem Wuchs; auch haben wir dort die Riesen gesehen, die Söhne Enaks von den Riesen; und wir waren in unseren Augen wie Heuschrecken, und so waren wir auch in ihren Augen.*

4. Mose 13, 31–33

Sie hatten ein Bild von sich selbst, das sie als minderwertig, schwach und als Versager darstellte:

- Sie *akzeptierten* Minderwertigkeit.
- Sie *glaubten*, daß sie zu schwach waren.
- Sie *redeten* von Niederlage.

## Sie sahen Riesen statt Gott

Zehn der zwölf israelitischen Kundschafter verglichen sich mit den Riesen, statt die Riesen mit ihrem Gott zu vergleichen. Ich bezeichne ihr Verhalten oft als „Heuschrecken-Komplex". Durch *den Heuschrecken-Komplex* wird deine Niederlage in deinem Innern vorprogrammiert. Du brauchst gar keine Feinde mehr, weil du selbst dein größter Feind geworden bist, wenn du erlaubt hast, daß *der Heuschrecken-Komplex* die Oberhand gewinnt.

Die Israeliten nahmen Kanaan nicht ein, weil sie die Riesen fürchteten. Sie verloren Kanaan wegen ihrer Zweifel, ihres Unglaubens und ihres falschen Selbstbilds. Sie befaßten sich mit ihrer mangelnden körperlichen Stärke, statt ihre Aufmerksamkeit auf ihre geistliche Macht zu richten.

Doch Josua und Kaleb behielten ein Bild von ihren Siegen in lebendiger Erinnerung. Sie entschieden sich, an die Kraft Gottes zu glauben und nicht an die Macht ihrer Gegner.

Du mußt genau dasselbe tun, wenn du die großartigen Ziele erreichen möchtest, die Gott dir gesteckt hat.

Jedes Kind hat schmerzhafte Erinnerungen. Manchmal ist es die Erinnerung an den Vater, der losbrüllte: „Du bist so dumm. Aus dir wird nie etwas werden. Du bist ein richtiger Taugenichts!" Das geistige Bild zieht in die Vorstellungen des Kindes ein. Dann platzt eine überforderte Mutter heraus: „Ich wünschte, ich hätte keine Kinder. Es war ein Fehler, euch zu bekommen!" Mit der Zeit prägt sich das Bild, das durch den Glauben an diese Aussage entstanden ist, immer stärker und nachhaltiger ein.

- Falsche Bilder *zerstören* gute Menschen.
- Glaubensbilder können geschädigte Menschen *wiederherstellen.*

15. Du wirst großartige Glaubensbilder von deinem Leben sehen, wenn du Zeit im „Versteck Gottes" verbringst.

Während der Zeit, in der du dich im „Versteck Gottes" aufhältst, verkümmern falsche Bilder, und die RICHTIGEN Bilder werden vor deinen Augen lebendig – in seiner Gegenwart.

Wenn dann jemand in dein Leben tritt und ankündigt: „Ich habe ein Wort vom Herrn für dich", wirst du fähig sein, geistlich richtig zu unterscheiden. Gott wird dir selten zeigen, wo Er dich hindurchführt, Er wird dich jedoch ermutigen, indem Er dir ein Bild von dem Endziel zeigt, das Er sich wünscht:

*Denn ich kenne ja die Gedanken, die ich über euch denke, spricht der Herr, Gedanken des Friedens und nicht zum Unheil, um euch Zukunft und Hoffnung zu gewähren.*
Jeremia 29, 11

16. Wenn ein echter Prophet ein Wort von Gott für dich hat, dann wird dich das Glaubensbild mit Frieden erfüllen.

Prüfe deshalb solche Glaubensbilder. Noahs Arche war ein prophetisches Bild von Gottes Arche der Sicherheit durch Jesus. Die Stiftshütte des Volkes Israel war ein Bild des göttlichen Erlösungsplans durch das Blut Christi. Die Vereinigung von Frau und Mann ist ein Bild für den Leib Christi, der mit Jesus als unserem Haupt verbunden ist.

17. Was du siehst, hat einen Einfluß auf dein Handeln:

*Die Lampe des Leibes ist das Auge; wenn nun dein Auge klar ist, so wird dein ganzer Leib licht sein; wenn aber dein Auge böse ist, so wird dein ganzer Leib finster sein. Wenn nun das Licht, das in dir ist, Finsternis ist, wie groß die Finsternis!*
Matthäus 6, 22–23

***Glaubensbilder vom Heiligen Geist werden Glauben erzeugen. Alles, was du tun wirst, nachdem du ein Glaubensbild empfangen hast, wird ein vom Unterbewußtsein gesteuerter Versuch sein, dein Glaubensbild in die Realität umzusetzen.***

# Tatsache 25

# Jede satanische Attacke offenbart, wovor Satan sich im Hinblick auf deine Zukunft am meisten fürchtet

## Deine Vergangenheit ist vorbei; vor deiner Zukunft fürchtet sich der Teufel

Denke einmal einen Moment über deinen Verstand nach. Dein Verstand hat zwei Funktionen – die Erinnerung und das Vorstellungsvermögen. Die Aufgabe deines Gedächtnisses ist es, Ereignisse aus der Vergangenheit zurückzurufen, während deine Vorstellungskraft den Zweck hat, dir zukünftige Ereignisse vorauszuzeigen.

Nun, deine Vergangenheit ist vorbei, und vor ihr fürchtet sich Satan nicht. Er benutzt sie lediglich, um dich durch Erinnerungen zu quälen, einzuschüchtern und zu entmutigen. Doch die Vergangenheit existiert nicht mehr. Gott denkt nicht mehr an die Sünden, die du in der Vergangenheit begangen hast. Warum solltest du es also tun?

> *Denn so hoch die Himmel über der Erde sind, so übermächtig ist seine Gnade über denen, die ihn fürchten. So fern der Osten ist vom Westen, hat er von uns entfernt unsere Vergehen.*
>
> Psalm 103, 11–12

Vor Jahren spielte Satan immer wieder ein ganz bestimmtes Erlebnis aus meinem Leben in meinen Gedanken ab, das mich damals sehr enttäuscht hatte. Er erinnerte mich immer wieder daran. Verzweifelt fragte ich den Herrn: „Warum tut Satan das?"

*Wenn Satan dir immer wieder Rückblenden von denselben Fehlern aus der Vergangenheit zeigt, ist das ein deutlicher Hinweis darauf, daß ihm „der Stoff ausgeht".*

„Ihm geht das Material aus!" war der innere Eindruck, den der Heilige Geist mir vermittelte.

Wenn Satan dir immer wieder Rückblenden von denselben Fehlern aus der Vergangenheit zeigt, ist das ein deutlicher Hinweis darauf, daß ihm „der Stoff ausgeht". Er hat kein neues Bildmaterial, das er auf die Leinwand deiner Gedanken projizieren könnte. Deshalb versucht er verzweifelt, die alten wertlosen Bilder zu benutzen, um dich emotionell und geistlich zu lähmen.

Es ist sehr wichtig, daß du dich rasch von diesen Erinnerungen abwendest, die dich zerstören können:

*Denkt nicht an das Frühere, und auf das Vergangene achtet nicht!*

Jesaja 43, 18

Am besten kannst du dem, was gestern war, den Rücken kehren, indem du deine Aufmerksamkeit auf morgen richtest:

*Siehe, ich wirke Neues! Jetzt sproßt es auf. Erkennt ihr es nicht? Ja, ich lege durch die Wüste einen Weg, Ströme durch die Einöde.*

Jesaja 43, 19

Deine Zukunft stellt für Satan eine Bedrohung dar. Betrachte das Leben von Mose. Was brachte Pharao auf die bestialische Idee, alle neugeborenen hebräischen Babys umbringen zu lassen? Die Hebräer waren seine Sklaven. Doch in der geistlichen Welt war auf irgendeine Weise bekannt geworden, daß eine von Gott bestimmte Frau einen Glaubenshelden zur Welt bringen würde. Und dieser Mann Gottes sollte der Anführer des israelitischen Volkes werden und es aus der Gefangenschaft in Ägypten befreien. Auf diese Weise würde Pharao Millionen von Sklaven verlieren, die für ihn gearbeitet hatten.

Der Anschlag Pharaos offenbart deutlich, welches Potential in diesen Kindern steckte und wie sehr Satan sich davor fürchtete. Er sah seine dämonische Herrschaft bis zur Zerstörung gefährdet.

Erinnere dich daran, daß bereits in 1. Mose 3, 15 ein Erlöser angekündigt worden war, und Satan hatte diese Voraussage gehört:

> *Und ich werde Feindschaft setzen zwischen dir und der Frau, zwischen deinem Samen und ihrem Samen; er wird dir den Kopf zermalmen und du, du wirst ihm die Ferse zermalmen.*

Und was war mit Herodes los? Was brachte ihn dazu, plötzlich alle Buben im Alter von 2 Jahren und darunter töten zu lassen?

> *... er sandte hin und ließ alle Knaben töten, die in Bethlehem und in seinem ganzen Gebiet waren, von zwei Jahren und darunter ...*
>
> Matthäus 2, 16

Die Autorität des Königs war bedroht, weil das Kind einer bestimmten Mutter größere Vollmacht als er haben würde. Deshalb fürchtete Herodes um seinen Platz auf dem Thron.

Seit vielen Jahren verfolge ich dieses Phänomen immer wieder mit Interesse. Fast jedesmal, wenn ein Prediger, der von Gott auf herausragende Weise im Bereich der Heilung gebraucht wird, seinen persönlichen Lebensbericht gibt, ist es der Fall, daß er in seiner Kindheit an irgendeiner schweren oder unheilbaren Krankheit gelitten hat. Wie es schon bei Mose und Jesus der Fall gewesen war, versuchte Satan ihn zu töten, bevor Gott durch ihn Befreiung bringen konnte.

Denke immer daran, daß dort, wo du deine größten Kämpfe hast, du auch deine größten Siege und Triumphe erleben wirst. Das Bild deines Sieges bekommst du inmitten von Schmerzen und Widrigkeiten. Wenn du die Anfechtungen lange genug betrachtest, wird das Bild deines Erfolgs klar und deutlich sichtbar vor deinem geistlichen Auge aufziehen.

Höre einmal denjenigen genau zu, die von Gott benutzt werden, um zerrüttete Ehen und kaputte Beziehungen zu heilen. Nahezu jeder von ihnen hat während seiner Kindheit im Elternhaus am eigenen Leib Mißbrauch und Ablehnung zu spüren bekommen und andere verletzende, leidvolle Erfahrungen gemacht.

Und nimm dir etwas Zeit, um einen Blick zurück auf die Attacken zu werfen, die sich in deinem Leben häufig wiederholt haben. Bitte den Heiligen Geist, dir den Weg zu zeigen, für den Er dich befähigt und den Er für dich bestimmt hat. Jemand sagte einmal sehr treffend: „Den Schmerz, den du nachempfinden kannst, ist der Schmerz, den du heilen kannst."

***Die Tränen, die du HEUTE vergießt, werden MORGEN der Regen sein, der auf die Wüste eines anderen fällt.***

# Tatsache 26

# Deine Berufung wird Phasen erfordern, in denen du dich zum Gebet zurückziehst

## Der Wunsch, zwischenmenschliche Kontakte zu pflegen, ist ein natürliches Verlangen

Auf dem Weg zur Erfüllung deiner Berufung wird es Momente geben, in denen du dich völlig von den Menschen, die du liebst, getrennt fühlst. Du wirst das Gefühl haben, daß sie dich nicht verstehen. Es wird den Anschein haben, als ob nur du bestrebt bist, die Anweisungen für dein eigenes Leben vollständig auszuführen.

So hat sich vermutlich Jesus gleich nach seiner Taufe gefühlt:

> *Dann wurde Jesus von dem Geist in die Wüste hinaufgeführt, um von dem Teufel versucht zu werden; und als er vierzig Tage und vierzig Nächte gefastet hatte, hungerte ihn schließlich.*
>
> Matthäus 4, 1–2

## Der Versucher stimmt seine Versuchungen zeitlich ab

Satan besucht keine Taufveranstaltungen. Bei der Taufe Jesu war die ganze Menge versammelt. Alle waren voller Tatendrang. Man konnte die überschäumende Freude wie einen leuchtenden Strahlenkranz um Jesus herum sehen. Deshalb wartete Satan, bis Jesus allein war und niemanden mehr in seiner Nähe hatte, der Ihn ermutigen konnte. Dann erst näherte er sich Ihm.

Im Grunde genommen wird jede größere satanische Attacke erfolgen, wenn du allein bist.

**Wenn du nur auf andere hörst, kann es sein, daß dir Gottes Reden entgeht.**

Warum läßt Gott es dann überhaupt zu, daß du allein bist? Weil Er gerade in solchen Momenten seine Gegenwart und seinen Plan offenbaren und seine Macht unter Beweis stellen kann. Wenn du nur auf andere hörst, kann es sein, daß dir Gottes Reden entgeht. Allein zu sein ist also mehr als nur eine gefühlsmäßig empfundene Leere. Sie erzeugt völlige Abhängigkeit vom Heiligen Geist. Gerade in diesen Zeiten wirst du ein Verlangen nach seiner Gegenwart entwickeln, und genau das ist ein Beweis für echte Reife.

Als David seine Schafe hütete, war er ganz allein und von seiner Familie getrennt. In dieser Zeit schenkte Gott ihm Siege, die kein anderer sehen konnte:

> *Da sagte David zu Saul: Dein Knecht weidete die Schafe für seinen Vater. Wenn dann ein Löwe oder ein Bär kam und ein Schaf von der Herde wegtrug, so lief ich ihm nach und schlug auf ihn ein und entriß es seinem Rachen. Erhob er sich gegen mich, so ergriff ich ihn bei seinem Bart, schlug ihn und tötete ihn. So hat dein Knecht den Löwen und den Bären erschlagen …*
>
> 1. Samuel 17, 34–36

- Prediger *fühlen sich allein gelassen*, wenn ihre Botschaft nicht verstanden und nicht angenommen wird.
- Mütter *fühlen sich allein gelassen*, wenn der Vater bei der Kindererziehung nicht hinter ihnen steht.
- Väter *fühlen sich allein gelassen*, wenn ihre Arbeit ignoriert und nicht geschätzt wird.
- Angestellte *fühlen sich allein gelassen*, wenn nur ihre Fehler wahrgenommen werden.
- Kinder *fühlen sich allein gelassen*, wenn ihre Eltern zu beschäftigt sind und sich keine Zeit nehmen, um mit ihnen zu reden.

- Ein Ehemann *fühlt sich allein gelassen*, wenn seine Frau mehr Begeisterung für die Kinder aufbringt als für ihn.
- Eine Ehefrau *fühlt sich allein gelassen*, wenn ihr Mann lieber Überstunden macht, als Zeit mit der Familie zu verbringen.

Während meines mittlerweile über 50jährigen Lebens habe ich viele Zeiten erlebt, in denen ich allein war. Es gab Phasen, in denen ich den Fehler gemacht und versucht habe, einen Ersatz für seine Gegenwart zu finden. Ich habe mich zum Beispiel vor den Fernseher gesetzt, um mich abzulenken und die Leere in mir zu verdrängen. Manchmal habe ich auch zum Telefonhörer gegriffen und einen Freund angerufen.

Das Beste, was du in solchen Momenten des Alleinseins tun kannst, ist, dich an den Einen zu wenden, der immer für dich da ist. Er wartet darauf, daß du seine Nähe suchst. Er sehnt sich nach Gemeinschaft mit dir:

> *Rufe mich an, dann will ich dir antworten und will dir Großes und Unfaßbares mitteilen, das du nicht kennst.*
>
> Jeremia 33, 3

Er denkt ständig an dich:

> *Denn ich kenne ja die Gedanken, die ich über euch denke, spricht der Herr, Gedanken des Friedens und nicht zum Unheil, um euch Zukunft und Hoffnung zu gewähren. Ruft ihr mich an, geht ihr hin und betet zu mir, dann werde ich auf euch hören. Und sucht ihr mich, so werdet ihr mich finden, ja, fragt ihr mit eurem ganzen Herzen nach mir ...*
>
> Jeremia 29, 11–13

In Zeiten der Einsamkeit wirst du Ihn finden:

> *... so werde ich mich von euch finden lassen, spricht der Herr. Und ich werde euer Geschick wenden ...*
>
> Jeremia 29, 14

Die Zeiten der Einsamkeit gehen vorüber. Und doch sind sie wichtig, denn sie zeigen dir die Grenzen der Menschen, die du liebst. In solchen Phasen erkennen wir, wie sehr wir Gott brauchen. Außerdem helfen sie uns und regen uns dazu an, unseren Blick immer auf Ihn zu richten, um unsere Berufung zu erfüllen.

- Privat errungene Siege können öffentliche Siege *hervorbringen.*
- Private Siege können dir öffentliche Anerkennung *einbringen.*
- Diese Zeiten *schleifen* den Charakter.
- Solche Zeiten *offenbaren* die Macht Gottes.

***Am wichtigsten jedoch ist, daß in diesen Zeiten, in denen du so verletzlich bist, ein leidenschaftliches Verlangen nach seiner Gegenwart entstehen kann.***

# Tatsache 27

## Manchmal kann es den Anschein haben, als ob deine Berufung vergebens gewesen sei

### Durch große Anstrengungen lassen sich nicht immer sofortige Ergebnisse erzielen

Bis zur Ernte dauert es einige Zeit. Jeder Bauer weiß das. Er steht früh am Morgen auf und streut sein Saatgut aus. Es regnet. Die Sonne brennt herab. Auf stundenlange harte Arbeit folgen Tage des Wartens. Dann beginnen die kleinen Pflänzchen zu sprießen, und man kann täglich ihren fortschreitendes Wachstum beobachten. Und endlich ist das ganze Ackerland mit einer reichen Ernte bestückt. Doch um diesen Segen zu erlangen, ist tagelange Mühe, viel Schweiß, harte Arbeit, Zeit und Geld nötig – und einer langen Wartezeit … man mußte geduldig warten … und warten.

Der Apostel mußte sich ähnlich gefühlt haben, als er schrieb: „Ich fürchte um euch, ob ich nicht etwa vergeblich an euch gearbeitet habe“ (Gal. 4, 11). Er hatte sich mit seinem ganzen Leben dafür verschrieben. Er hatte mutige Worte gesprochen, wortgewandt und beständig hatte er geredet. Und doch hatte er zu gewissen Zeiten das Gefühl, seine Mühe sei vergeblich gewesen.

### Wenn du auf eine Veränderung wartest, zeigst du dadurch deinen Glauben

Das ist die Art des Glaubens, die Gott dazu bewegt, in dein Leben einzugreifen. Ich erinnere mich noch gut daran, als ich zum ersten

Mal begriff, daß ich eine Gabe der Weisheit bekommen hatte. Diese Weisheit war nicht meine eigene, doch dadurch, daß ich nach ihr verlangt hatte, war meine Berufung zutage getreten. Ich war von dem Verlangen ergriffen, Gottes Herzenshaltung und Meinung über die verschiedenen Angelegenheiten zu erfahren. Als ich einem befreundeten Prediger davon erzählte, entgegnete er lachend: „Niemand will Weisheit, Mike! Alle wollen Wunder!"

> *Die meisten möchten Veränderungen, ohne die verschiedenen Entwicklungsphasen zu druchleben.*

Wie sich herausstellte, hatte er recht. Niemand schien an Weisheit interessiert zu sein. Jeder wollte ein sofortiges, alles veränderndes Wunder von Gott. Es gab Leute, die saßen drei Stunden in einem Gottesdienst und warteten auf ein Wunder, waren aber nicht bereit, Geld für ein Buch über Weisheit auszugeben. Die meisten möchten Veränderungen, ohne die verschiedenen Entwicklungsphasen zu durchleben.

Diener Gottes fühlen sich oft unnütz. Sie verlieren das Vertrauen in Menschen. Auch der Prophet Micha hatte den Eindruck, die Erfüllung seiner Berufung sei Zeitvergeudung. Lies, was er über diejenigen dachte, zu denen er gesandt worden war: „Der Beste unter ihnen ist wie ein Dornstrauch, der Rechtschaffenste unter ihnen wie eine Dornhecke … verlaßt euch nicht auf den Vertrauten! …" (Mi. 7, 4–5). Hast du schon einmal ähnliche Gefühlsregungen gehabt? Natürlich hast du das. Ich auch.

Der große König und Musiker David schluchzte einst: „Was bist du so aufgelöst, meine Seele, und was stöhnst du in mir?" (Ps. 42, 12). Ja, der mutige und unerschrockene Bursche, der Goliat mit einer Steinschleuder entgegengetreten war, hatte auch die Erfahrung gemacht, wie frustrierend es war, das Gefühl zu haben, daß all seine Mühe vergeblich war.

Jeremia hatte mit dem Gedanken gespielt, lieber ein „Motel" in der Wüste zu betreiben, als im Dienst für den Herrn zu bleiben:

> *O daß ich Unterkunft für Durchreisende in der Wüste hätte, dann würde ich mein Volk verlassen und von ihnen fortgehen! …*
>
> Jeremia 9, 2

Elia, der schneller als ein Pferd laufen und Feuer auf völlig durchnäßte Opfer herabrufen konnte, war eines Tages so niedergeschlagen, daß er Gott bat, ihn unzubringen:

> *Er selbst aber ging in die Wüste eine Tagereise weit und kam und ließ sich unter einem einzelnen Ginsterstrauch nieder. Da wünschte er sich, sterben zu können, und sagte: Es ist genug. Nun, Herr, nimm mein Leben hin! Denn ich bin nicht besser als meine Väter.*
>
> 1. Könige 19, 4

Auch Jesus mußte gelegentlich den Eindruck gehabt haben, das seine Mühe vergeblich sei. Als Er eines Tages dabei war, einige bedeutungsvolle Wahrheiten zu erklären, wurde Er von Petrus, der sein Jünger war, zurechtgewiesen. Deshalb mußte Jesus ihn gezielt ansprechen und korrigieren: „Geh hinter mich, Satan! Du bist mir ein Ärgernis, denn du sinnst nicht auf das, was Gottes, sondern auf das, was der Menschen ist“ (Mt. 16, 23). Stell dir einmal vor, einer der engsten Gebetspartner versteht fast nichts von dem, was du sagst. Eines Tages rief Jesus schließlich aus: „O ungläubiges und verkehrtes Geschlecht! Bis wann soll ich bei euch sein? Bis wann soll ich euch ertragen? …“ (Mt. 17, 17).

- Die Zeiten ändern sich.
- Menschen ändern sich.
- Deine persönlichen Bedürfnisse und Wünsche verändern sich.

Deshalb erlaube der Geduld, ihr Werk zu tun:

> *Werft nun eure Zuversicht nicht weg, die eine große Belohnung hat. Denn Ausharren habt ihr nötig, damit ihr, nachdem ihr den Willen Gottes getan habt, die Verheißung davontragt.*
>
> Hebräer 10, 35–36

***Und gib niemals, niemals, niemals auf – denn deine Hartnäckigkeit und Ausdauer werden deine Zukunft stets in die Knie zwingen.***

# Tatsache 28

# Deine Berufung kann außergewöhnliches und unerschütterliches Vertrauen in einen Mann oder eine Frau Gottes erfordern

## Du wirst jemandem vertrauen müssen

Es stimmt, daß du nicht jedem trauen kannst. Du kannst sicherlich nicht jedem zu jeder Zeit deines Lebens vertrauen. Doch wenn Gott beschließt, dich zu segnen, wird Er jemand an deine Seite stellen, der dir eine Anweisung gibt, dich ermutigt oder dich warnt. Diese Person wird einen großen Einfluß auf dein Leben haben. Und wenn die betreffende Person redet, wird es von deiner Bereitwilligkeit, auf ihr Wort von Gott zu hören, abhängen, ob du in deinem Leben völlig versagen oder bemerkenswerte Erfolge erzielen wirst.

Sich unterzuordnen ist jedoch nicht immer einfach. Warum? Weil die Person, der du vertraust, einen entscheidenden Einfluß auf deine Zukunft hat.

Ich werde diese Aussage näher erklären: Durch dein ganzes Leben hindurch wird Gott dich in eine Autoritätsstruktur einbinden. Aus diesem Grund ermahnte der Apostel Paulus die Kinder, ihren Eltern zu gehorchen; er forderte Angestellte auf, ihre Vorgesetzten zu respektieren, und er wies Christen an, die Männer und Frauen Gottes in ihrem Leben zu ehren.

Einer der wirkungsvollsten Grundsätze, der in der Schrift wie ein kostbarer Schatz versteckt ist, lautet:

*... Glaubt an den Herrn, euren Gott, dann werdet ihr bestehen! Glaubt seinen Propheten, dann wird es euch gelingen!*
2. Chronik 20, 20

## Zweifel kommt dich teuer zu stehen

Skepsis hat auf der Erde die größten Verluste verursacht. Unglaube führt ebenso schnell Katastrophen herbei, wie Glaube Wunder erzeugt. Millionen von Ungläubigen haben ein unvergleichlich schönes Leben in Christus verpaßt, weil sie sich weigerten, den Worten eines Predigers zu glauben. Vielen erscheint die Predigt des Evangeliums töricht:

Zweifel kommt dich teuer zu stehen.

*Denn das Wort vom Kreuz ist denen, die verlorengehen, Torheit; uns aber, die wir errettet werden, ist es Gottes Kraft. Denn weil in der Weisheit Gottes die Welt durch die Weisheit Gott nicht erkannte, hat es Gott wohlgefallen, durch die Torheit der Predigt die Glaubenden zu erretten.*
1. Korinther 1, 18; 21

## Gott verpackt sein Gold oft in Lumpen

Du solltest wissen, daß der Mann, den Gott ausgewählt hat, nicht unbedingt intelligent und redegewandt ist oder eine gute Schulbildung hat. Er mag sogar naiv, ungebildet und ungehobelt sein. Johannes der Täufer hätte der modernen Vorstellung, was das Aussehen und Benehmen betrifft, sicher nicht standhalten können. Doch diejenigen, die auf ihn hörten, erhielten Zugang zu einer völlig neuen Kraftquelle und wurden für immer verändert.

Nicht jeder war von dem Apostel Paulus beeindruckt. Er erwähnte diese Tatsache, als er an die Gemeinde in Korinth schrieb:

*Und ich, als ich zu euch kam, Brüder, kam nicht, um euch mit Vortrefflichkeit der Rede oder Weisheit das Geheimnis Gottes zu verkündigen ... Und ich war bei euch in Schwachheit und mit Furcht und in vielem Zittern; und meine Rede und meine Predigt bestand nicht in überredenden Worten der Weisheit, sondern in Erweisung des Geistes und der Kraft, damit euer Glaube nicht auf Menschenweisheit, sondern auf Gottes Kraft beruhe.*

1. Korinther 2, 1; 3–5

Dein finanzieller Durchbruch kann davon abhängen, ob du bereit bist, einem Mann Gottes zu glauben. Deine finanzielle Versorgung mag erfordern, daß du die Anweisung eines Predigers genau befolgst. Bei der Witwe von Zarpat war das der Fall. Sie war ausgezehrt und am Ende, ihr Sohn war am Verhungern, und sie wollte sich gerade ihre letzte Mahlzeit zubereiten. Da klopfte der Prophet Elia an ihre Tür, und er hatte einen herausfordernden, beinahe unglaublichen Auftrag für sie: Bevor sie und ihr Sohn aßen, sollte sie ihm etwas zu essen geben.

Wie du siehst, wird dir die Anweisung eines Predigers selten logisch oder vernünftig erscheinen. Die logischen und vernünftigen Dinge kannst du auch ohne einen Diener Gottes in deinem Leben bewerkstelligen. Eine unlogische Handlung dagegen wirst du jedoch nur dann vollziehen, wenn ein Mann Gottes deinen Glauben anfacht. Irgendwo und irgendwann wirst du einen Mann Gottes brauchen, der dich aus dem engen Kerker der Vernunft heraus- und in den Palast des Glaubens hineinführt. Elia hat das getan:

*Da sagte Elia zu ihr: Fürchte dich nicht! Geh hinein, tu nach deinem Wort! Doch zuerst bereite mir davon einen kleinen Kuchen zu und bring ihn mir heraus! Dir aber und deinem Sohn magst du danach etwas zubereiten. Denn so spricht der Herr, der Gott Israels: Das Mehl im Topf soll nicht ausgehen und das Öl im Krug nicht abnehmen bis auf den Tag, an dem der Herr Regen geben wird auf den Erdboden.*

1. Könige 17, 13–14

## Dein Verhalten einem Mann Gottes gegenüber bestimmt, wie Gott sich dir gegenüber verhält

Folgendes ist so wichtig: Wenn ein Prediger dir eine Anweisung gibt, ist darin entweder Gericht oder eine Belohnung enthalten – je nach dem, ob du gehorsam bist oder nicht. Wenn der Prediger tatsächlich ein Mann Gottes ist …

- *wird* er dir *nicht* eine Anweisung geben, um seine Autorität zur Schau zu stellen.
- *wird* er dir *nicht* eine Anweisung geben, um seine eigenen Träume zu finanzieren.
- *wird* seine Anweisung der Ausweg aus deiner gegenwärtigen Krise sein.
- *wird* seine Anweisung dir dazu verhelfen, Wunder von Gott zu empfangen.

## Dein Gehorsam wird darüber entscheiden, wie deine Belohnung ausfällt

Die Witwe in Zarpat war gehorsam. Ihre Geschichte beweist, daß der Schlüssel zum Erfolg immer damit verbunden ist, eine Anweisung Gottes zu befolgen:

> *Und sie aß, er und sie und ihr Haus, Tag für Tag. Das Mehl im Topf ging nicht aus, und das Öl im Krug nahm nicht ab nach dem Wort des Herrn, DAS ER DURCH ELIA GEREDET HATTE.*
>
> 1. Könige 17, 15–16

Wenn du 1. Könige 17 sorgfältig liest, wirst du keinen einzigen Vers finden, der darauf hinweist, daß die Witwe von Zarpat die Stimme Gottes selbst gehört oder wahrgenommen hätte. Es war der Prophet, der von Gott gehört hatte, und sie hörte auf das, was der Prophet sagte.

- *Gott* sprach zum Propheten.
- Der *Prophet* sprach mit der Witwe.
- Diese Reihenfolge wird von Gott belohnt.

Wenn sich also jemand weigert, die Anweisung, die Gott durch eine bestimmte Person erteilt, zu befolgen, verliert er damit jegliche Verheißung und Belohnung, die Gott vorgesehen hatte.

Gott möchte dich segnen; es kann sein, daß Er einem seiner Diener etwas über dein Leben mitteilt. Wenn Gott verhindern möchte, daß du unter das Gericht fällst, sendet Er meistens einen Mann Gottes über deinen Weg, der dich warnt. So verfuhr Er im Fall der Stadt Ninive:

> *Und das Wort des Herrn geschah zu Jona, dem Sohn des Amittai: Mache dich auf, geh nach Ninive, der großen Stadt, und verkündige gegen sie! Denn ihre Bosheit ist vor mich aufgestiegen.*
>
> Jona 1, 1–2

Doch Jona war ungehorsam. Und seine Erlebnisse in der „Algen-Universität" haben sich auf der ganzen Welt herumgesprochen. Sein Ungehorsam kam ihn teuer zu stehen – er wurde von einem Fisch verschluckt. Als er schließlich in Ninive ankam, war er deshalb ein überzeugter Mann.

## Überzeugte Männer überzeugen

Ich möchte folgende Aussage machen: Tausende von Menschen haben keine Ahnung, was ein Mann Gottes durchmacht, bevor er jemandem eine Anweisung gibt. Es gab Zeiten in meinem Leben, in denen ich nachts eine Anweisung Gottes für eine bestimmte Person bekam, die ich nicht weitergeben wollte, weil sie nicht gerade ermutigend war. Ich bin schon mehr als einmal aufgefordert worden, Gericht anzukündigen. Der Grund, warum ich dann doch gehorchte, war nicht der, daß ich mir die Bestätigung, den Beifall oder die Anerkennung von Menschen einheimsen wollte. Ich war gehorsam, weil ein mächtiger Gott mit kraftvollen und überzeugenden Worten zu mir gesprochen hatte. Wenn ich ungehorsam gewesen wäre, wäre mich das teuer zu stehen gekommen.

Jona rief in den Straßen Ninives: „Noch vierzig Tage und Ninive ist zerstört!" (Jon. 3, 4). Irgendwie spürten die Menschen, daß Jona glaubwürdig war und die Wahrheit sagte, und sie taten Buße:

*Da glaubten die Leute von Ninive an Gott; und sie riefen ein Fasten aus und kleideten sich in Sacktuch von ihrem Größten bis zu ihrem Kleinsten. Und das Wort erreichte den König von Ninive; und er stand von seinem Thron auf, legte seinen Mantel ab, hüllte sich in Sacktuch und setzte sich in den Staub. Und er ließ in Ninive auf Befehl des Königs und seiner Großen ausrufen und sagen: Menschen und Vieh, Rinder und Schafe sollen gar nichts zu sich nehmen, sie sollen nicht weiden und kein Wasser trinken! Und Menschen und Vieh sollen mit Sacktuch bedeckt sein und sollen mit aller Kraft zu Gott rufen; und sie sollen umkehren, jeder von seinem bösen Weg und von der Gewalttat, die an seinen Händen ist. Wer weiß, vielleicht wendet sich Gott und läßt es sich gereuen und kehrt um von der Glut seines Zornes, so daß wir nicht umkommen.*

Jona 3, 5–9

Stell dir das einmal vor: Der König weinte und bereute. Die Bürger erhielten die Anweisung, ihr Vieh nicht mehr zu füttern, und auch sie selbst und die leitenden Regierungsbeamten von Ninive sollten nicht essen.

Wenn du dich entschließt, einem Mann Gottes zu glauben, wird etwas Übernatürliches geschehen. Welche Belohnung erhielten die Einwohner Ninives dafür, daß sie dem Wort eines Predigers Glauben geschenkt hatten?

*Und Gott sah ihre Taten, daß sie von ihrem bösen Weg umkehrten. Und Gott ließ sich das Unheil gereuen, das er ihnen zu tun angesagt hatte, und er tat es nicht.*

Jona 3, 10

Kürzlich hatte ich ein außergewöhnliches Erlebnis, das mein Leben veränderte. Ich veranstalte jedes Jahr eine *Internationale Weisheitskonferenz* (*World Wisdom Conference*). Vor 2 Jahren kam während dieser Konferenz ein Evangelist, der zu Besuch da war und mit dem ich gut befreundet bin, auf mich zu und sagte: „Ich habe den Eindruck, daß Gott mir aufgetragen hat, heute ein Opfer für deinen Dienst zu erheben."

Darauf entgegnete ich: „Nun gut, ich werde dich wissen lassen, was Gott mir aufträgt.“ Ich schätzte, was er sagte, doch ich war der Meinung, daß ich ebenso gut wie jeder der Anwesenden hören konnte, wenn Gott redete. Ich hatte zu jenem Zeitpunkt nicht den Eindruck, daß Gott den Impuls gab, ein Opfer zu erheben.

Ein paar Minuten später drückte mir ein anderer Evangelist einen Zettel in die Hand. Die Notiz, die darauf stand, beschrieb denselben Eindruck, den der andere Bruder gehabt hatte, nämlich daß ein Opfer eingesammelt werden sollte. Beide fühlten sich von Gott dazu angeregt und baten mich, ihnen das Mikrophon zu übergeben.

Ich war aufgebracht. Ich hatte zeitlich genau festgelegt, wann das Opfer erhoben werden sollten, und meine grundsätzliche Einstellung war: „Das ist meine Konferenz, und niemand wird ein Opfer einsammeln, es sei denn, er hat meine Zustimmung und ich weiß, daß es dem Willen Gottes entspricht. Jetzt ist weder die richtige Zeit, noch ist das der richtige Anlaß für ein Opfer.“ Ich hatte an jenem Tag morgens bereits ein Opfer erhoben, und ich wollte nicht riskieren, daß die Besucher sich unter Druck gesetzt fühlten.

Ich war kein Neuling mehr im Dienst. Ich habe schon über 12.000mal hinter der Kanzel gestanden, da ich bereits mit 8 Jahren anfing zu predigen. Als ich das erste Mal während einer Evangelisation predigte, war ich 15. Als ich 19 Jahre alt war, trat ich als Evangelist in den vollzeitlichen Dienst ein. Seit damals bin ich in vielen Teilen der Welt herumgekommen und habe auf meinen Reisen schon 36 verschiedene Länder kennengelernt. Aus diesem Grund war ich ein wenig verstimmt darüber, daß ein anderer Prediger mich auf eine solche Weise bedrängte.

Während ich noch die letzten Worte sprach, um die Leute dann zum Mittagessen zu entlassen, trat derselbe Evangelist in aller Öffentlichkeit zu mir auf die Bühne. Er hatte Tränen in den Augen und weinte. „Bruder, darf ich etwas sagen?“

Ich war nach wie vor frustriert. Es störte mich ungeheuerlich. Ich bete, faste und bemühe mich auf jede erdenkliche Weise, die Stimme des Heiligen Geistes zu hören. Und ich hatte in dieser Hinsicht einfach nichts von Gott gehört. Ich fühlte nichts dergleichen und war zutiefst davon überzeugt, daß er völlig daneben lag.

Aber er war ein Mann Gottes. Ich wußte, daß er ein Mann Gottes war. Sein Dienst bestätigte es. Seine Salbung war offensichtlich. Er hatte den Prüfungen des Lebens standgehalten. Er hatte Durchhaltevermögen bewiesen. Er war sanftmütig und freundlich, aber sehr hartnäckig. Also reichte ich ihm schließlich, wenn auch widerwillig, das Mikrophon.

Tränen liefen ihm über das Gesicht, während er redete. Kurz darauf traten meine Partner aus den Stuhlreihen und strömten nach vorne, wo sie sich durch ein Versprechen festlegten, 1.000 Euro in den Dienst zu investieren. Es kamen mehr und mehr Leute nach vorne. Ich stand immer noch völlig gefühllos da. Ich konnte kaum glauben, was sich vor meinen Augen abspielte. Ich kann nicht sagen, daß ich darüber erfreut war, denn ich empfand keinerlei Freude. Ich hatte auch keine innere Bestätigung für dieses Ereignis. Während der ganzen Zeit, in der er das Opfer einsammelte, spürte ich nicht ein einziges Mal den „Wind des Heiligen Geistes", und trotzdem kamen an jenem Tag durch dieses Opfer – Bargeld und Versprechen zusammengefaßt – insgesamt über 100.000 Euro zusammen.

Ich betete deshalb: „O Herr, ich habe gedacht, ich würde deine Stimme kennen. Ich dachte, ich würde hören, wenn du redest."

Und Gott hatte tatsächlich gesprochen. Er hatte einem anderen Mann etwas gesagt, das Er mir vorenthalten hatte. Und das machte mich sehr betroffen. Ich war sogar regelrecht wütend. Ich fühlte mich bloßgestellt. Ich war verwirrt. Ich bin sicher, daß sich der Priester Eli ebenso gefühlt haben mußte, als Gott zu dem jungen Samuel gesprochen hatte statt zu ihm, wo er doch der Hohepriester war.

Meiner Meinung nach war der Zeitpunkt falsch gewählt. Ich hatte meinen eigenen Zeitplan. Der einzige Grund, warum ich dem Prediger schließlich erlaubt hatte, seine Absicht in die Tat umzusetzen, war, weil ich ohne Zweifel wußte, daß er ein Mann Gottes war. Er war von Gott inspiriert gewesen, und ich hatte nichts davon gespürt. Ich hatte weder eine Vision noch eine Offenbarungserkenntnis gehabt, sondern hatte lediglich dem Mann Gottes vertraut, den mein himmlischer Vater an diesem Tag benutzen wollte.

Dieses Ereignis irritiert mich bis heute, doch ich lernte an jenem Tag eine wichtige Lektion.

Mir ist klar geworden, daß Gott anderen Menschen Dinge mitteilt, die Er mir verschweigt. Und ich habe gelernt, daß mein Erfolg von meiner Fähigkeit abhängen kann, einen Mann Gottes zu erkennen, wenn er vor mir steht.

Als ich vor einiger Zeit an der Ostküste diente, kam eine außergewöhnlich starke Salbung auf mich, während ich eine persönliche Erfahrung weitergab, die ich gemacht hatte, als ich einen Samen von 58 Euro gesät hatte. Ich berichtete der Gemeinde:

„Vor 6 Jahren saß ich in Washington D.C. auf der Plattform, während der Pastor die Zehnt- und Opfergaben einsammeln ließ. Ich hatte monatlich 1.000 Euro in diese Gemeinde gesät, und das bereits seit 12 Monaten.

Als der Pastor die Zehntgaben entgegennahm, stellte mir der Heilige Geist plötzlich folgende Frage: ‚Wie viele verschiedene Arten von Segnungen sind in meinem Wort enthalten?‘

Ich hatte zu diesem Punkt eine private Studie gemacht, bei der ich 58 verschiedene Segnungen entdeckte. Es kann sein, daß du bei deinen Nachforschungen eine andere Kategorisierung vorgenommen hast und deshalb auf eine größere Anzahl gestoßen bist, doch ich hatte 58 gezählt. Deshalb antwortete ich: ‚In deinem Wort sind 58 verschiedene Arten von Segnungen zu finden.‘

Und Er sagte: ‚Ich möchte, daß du einen besonderen Samen von 58 Euro in dieses Opfer gibst. Und schreibe auf den Scheck: Bund des Segens!' Außerdem teilte Er mir mit, daß dieser Same auch den Segensbund zwischen Ihm und mir repräsentieren sollte. Ich fand das alles lächerlich. Doch wenn ich sorgfältig auf mein Herz hörte, wußte ich, daß es seine Stimme war, und deshalb gehorchte ich.

Einige Augenblicke später forderte mich der Heilige Geist auf, noch einen anderen Samen für jemanden, den ich sehr mochte und der dringend ein Wunder in seinem Leben benötigte, zu pflanzen. Ich befolgte die Anweisung, und innerhalb der nächsten Wochen ereigneten sich erstaunliche Wunder, die mein gesamtes Leben veränderten."

Das war der Bericht, den ich an jenem Sonntagmorgen beim Gottesdienst weitergab. Und anschließend erklärte ich den Zuhörern, daß ich den starken Eindruck hatte, jeder der Anwesenden solle ebenfalls einen Samen von 58 Euro in das Werk des Herrn säen. Ich wies sie darauf hin, daß mit dem Geld Sendezeit im Fernsehen finanziert werden würde, um das Evangelium auszustrahlen. Viele folgten der Aufforderung – nicht, weil sie die Stimme Gottes gehört hatten, sondern weil sie glaubten, daß ein Mann Gottes ihnen eine angemessene und göttliche Anweisung gegeben hatte.

Etwas später am selben Nachmittag rief ein Mann, der den Gottesdienst besucht hatte, den Pastor an. Er war sehr aufgebracht. Er war ein ungläubiger Mann, der nicht dem Herrn nachfolgte, und er ließ den Pastor in aller Deutlichkeit wissen, daß er die ganze Sache für eine Intrige, einen Schwindel und eine Falle hielt. Du siehst also, daß es offensichtlich nicht möglich ist, einen Mann Gottes zu erkennen, wenn man selbst Gott nicht kennt. Wenn du tagtäglich im Ungehorsam lebst, wirst du höchstwahrscheinlich auch dann nicht gehorsam sein, wenn eine göttliche Anweisung erfolgt.

In dem besagten Gottesdienst war jedoch auch eine Pastorin anwesend, die ihr Scheckbuch herauszog und einen Samen von 58 Euro pflanzte. Sie glaubte, daß ihr Leben von besonderer Gunst bestimmt werden würde, weil sie die Anweisung befolgte, die ich gegeben hatte.

Einige Monate später starb ein älterer Herr, dem die Pastorin gedient hatte, und er hinterließ ihr ein vollständig bezahltes Gemeindegebäude, zwei Häuser und 11 Hektar Land. Die Segnungen Gottes brachen explosionsartig über sie herein, weil sie der Aufforderung eines gottesfürchtigen Mannes gehorcht hatte. Dieses Ereignis war nicht logisch erklärbar. Es überstieg das menschliche Fassungsvermögen. Es war auch keineswegs der Fall, daß sie „ein Wunder gekauft hatte". Sie hatte lediglich eine Anweisung befolgt.

- Der Mann, der *kritisiert* hatte, verlor seine Ernte.
- Die Frau, die *gehorsam* gewesen war, erntete reichlich.

Zwei Menschen, die demselben Gottesdienst beigewohnt hatten, erzielten völlig unterschiedliche Ergebnisse. Ich bitte dich deshalb eindringlich: Höre auf das, was ich dir heute sage! Wenn Gott dich segnen möchte, wird Er einen wunderbaren Mann oder eine wunderbare Frau Gottes beauftragen, dir eine Anweisung zu übermitteln. Diese mag dir unlogisch erscheinen. Sie kann in deinen Augen sogar lächerlich sein. Doch erinnerst du dich an einen Mann namens Naaman? Er war der Heeroberste der syrischen Armee, und er hatte Lepra. Als er jedoch bereit war, auf Anweisung eines Propheten hin siebenmal im Jordan unterzutauchen, wurde er von Lepra geheilt.

Dasselbe wird in deinem Leben geschehen. Wenn du weißt, daß jemand tatsächlich ein Mann oder eine Frau Gottes ist, dann folge bereitwillig seiner oder ihrer Anweisung.

***Du entscheidest über dein Schicksal.***

# Tatsache 29

## Du bist der einzige Mensch, den Gott für deine spezielle Berufung gesalbt hat

### Die Erfüllung deiner Berufung erfordert deine Mitarbeit

Niemand anderer kann es für dich herausfinden. Kein anderer kann es an deiner Stelle tun. Niemand anderer kann es für dich vollbringen:

> *Also wird nun jeder von uns für sich selbst Gott Rechenschaft geben.*
>
> Römer 14, 12

Es stimmt traurig, wenn man Leuten zuhört, die die Schuld für ihre Lebensumstände auf andere schieben. Ich habe schon viele Ehemänner klagen hören: „Ich will es ja tun, aber meine Frau ist nicht damit einverstanden." Frauen dagegen beschweren sich häufig: „Mein Mann unterstützt mich nicht in der Erfüllung meiner Berufung und Bestimmung."

Höre deshalb damit auf, andere für die Konsequenzen deiner persönlichen Entscheidungen verantwortlich zu machen. Eine der wichtigsten Weisheiten, die der Heilige Geist in mein Leben hineingesprochen hat, lautet: BESCHWERE DICH NIEMALS ÜBER DAS, WAS DU ZULÄSST.

**Wenn du deine gegenwärtige Situation akzeptierst, wirst du eine schwere Zukunft haben.**

Vergiß nie, daß deine gegenwärtigen Lebensumstände mit deiner Erlaubnis existieren und daß sie weiterhin anhalten, weil du sie duldest. Du mußt andrerseits auch verstehen, daß du deine Zukunft nur dann veränderst, wenn du deine gegenwärtige Situation nicht länger akzeptierst. Solange du die gegebenen Umstände duldest, wird sich in deinem Leben nichts verändern.

*Höre damit auf, andere für die Konsequenzen deiner persönlichen Entscheidungen verantwortlich zu machen.*

Der Apostel machte sehr konkrete Aussagen zu diesem Thema, denn er sagte: „Ein jeder aber prüfe sein eigenes Werk, und dann wird er nur im Blick auf sich selbst Ruhm haben und nicht im Blick auf den anderen“ (Gal. 6, 4). Wie du siehst, hat Gott nicht vorgesehen, daß du von anderen abhängig bist, um deine Berufung erfüllen zu können. Deine höchste Freude wird immer sein, dich auf seine Gegenwart zu verlassen. Seine Gegenwart ist stets davon abhängig, wie sehr du dich darum bemühst. Und wie sehr du dich um sie bemühst, wird immer deine eigene, persönliche Entscheidung sein.

Natürlich werden Hindernisse auftauchen. Es ist normal, daß wir in Beziehungen stecken, die uns bremsen, entmutigen und unsere Begeisterung dämpfen. Jeder, der etwas erreichen wollte, hat die Erfahrung gemacht, daß es Beziehungen gibt, die eher eine Last als ein Segen sind. Doch derjenige, der deine Freunde ausgesucht hat, warst du! Und die Qualität und Wahl deiner freundschaftlichen Beziehungen spiegeln wider und offenbaren, was dir im Leben wirklich wichtig ist. Wenn ich die Biographien herausragender Persönlichkeiten lese, stelle ich immer wieder fest, daß sie jederzeit bereit sind, die Verantwortung für ihr Handeln, für ihre persönlichen Entscheidungen und für die zur Erfüllung ihrer Ziele und Träume notwendigen Taten zu übernehmen.

„Ich hasse meine Arbeit“, gestand mir ein Mann.

„Warum bleibst du dann bei dieser Firma?" fragte ich etwas verwirrt.

„Sie ist nicht weit von meiner Wohnung entfernt", lautete seine lächerliche Antwort.

Noch einmal möchte ich dich darauf hinweisen, nie zu vergessen, daß du derjenige warst, der sich für deine gegenwärtige Situation entschieden hat. Und du bist auch derjenige, der sie weiterhin hinnehmen oder verändern kann. Du kannst dich beklagen, weinen und den Rest deines Lebens jammern, und doch bist und bleibst du derjenige, der die Umstände, in denen du dich befindest, ausgesucht hat. Du hast sie angenommen. Du hast sie akzeptiert. Du hast ihnen nicht den Rücken zugewandt, um ihnen zu entfliehen. Deshalb hör auf damit, sie zu bemängeln.

### Deine gegenwärtige Lage existiert mit deiner Erlaubnis

Der Apostel Paulus hat die Verantwortung für sein eigenes Leben übernommen. Als es zu Ende ging, schrieb er an Timotheus: „Ich habe den guten Kampf gekämpft, ich habe den Lauf vollendet, ich habe den Glauben bewahrt" (2. Tim. 4, 7).

Niemand anderer konnte seinen Kampf für ihn kämpfen. Kein anderer konnte seinen Lauf vollenden. Nur Paulus konnte seinen Glauben festhalten. Und nur Paulus konnte sein Ziel im Auge behalten. Deshalb kämpfte er seinen eigenen Kampf.

Diese Tatsache mußt du unbedingt begreifen. Du mußt dich entscheiden, was du am Ende deines Lebens erreicht haben willst. Du mußt dich entschließen, dein eigenes Rennen zu laufen. Du mußt die entsprechende Saat für die Ernte ausstreuen, die du einbringen willst. Wie Paulus mußt du Beziehungen herstellen und bewahren, die für dich – nicht für andere – wichtig sind:

> *Daher, meine Geliebten, wie ihr allezeit gehorsam gewesen seid, nicht nur wie in meiner Gegenwart, sondern jetzt noch viel mehr in meiner Abwesenheit, bewirkt euer Heil mit Furcht und Zittern!*
>
> Philipper 2, 12

Aus diesem Grund mußt du aufhören, dich zu beklagen. Du bist selbst für deine gegenwärtige Situation verantwortlich. „Tut alles ohne Murren und Zweifel", sagte Paulus außerdem (Phil. 2, 14).

Jesus, der unser Vorbild und Beispiel ist, erklärte: „... das Werk habe ich vollbracht, das du mir gegeben hast, daß ich es tun sollte" (Joh. 17, 4). Als Er das sagte, übernahm Er damit die Verantwortung für seine persönliche Berufung.

Bist du tief beunruhigt über dein Leben und fühlst du dich darin im Augenblick nicht wohl? Wenn dem so ist, werden die nachfolgenden vier Punkte helfen, um von deiner gegenwärtigen unbefriedigenden Situation in den Bereich deiner Bestimmung hinüberzuwechseln, wo du hingehörst.

## Die 4 Punkte der „Berufungs-Checkliste"

1. Stelle dir prüfende, ernsthafte und direkte Fragen.

   - Hast du die Möglichkeiten deiner gegenwärtigen Situation völlig ausgeschöpft?
   - Hast du alles aufgenommen, was dein Chef oder deine Lehrer und Ratgeber in dein Leben hineingeben wollten?
   - Läßt dein gegenwärtiger Terminplan erkennen, daß du Gott ehrst, indem du deine Prioritäten richtig gesetzt hast?
   - Hast du exzellente Leistungen erbracht und denen dein Bestes gegeben, mit denen du zur Zeit zusammenarbeitest?

   Du siehst also, wenn du dein gegenwärtiges Leben nicht investiert und völlig ausgeschöpft hast, bist du nicht qualifiziert für die Zukunft. Deine Zukunft ist eine Belohnung, keine Garantie. Aus diesem Grund schrieb der Apostel Paulus folgende Verse, in denen er auf die Art seines Kampfes und die Vollendung seines Laufs eingeht:

   *... fortan liegt mir bereit der Siegeskranz der Gerechtigkeit, den der Herr, der gerechte Richter, mir als Belohnung geben*

*wird an jenem Tag: nicht allein aber mir, sondern auch allen, die sein Erscheinen liebgewonnen haben.*

2. Timotheus 4, 8

2. Hast du genug Zeit in seiner Gegenwart verbracht, um die Stimme des Heiligen Geistes zu hören? Du mußt wissen, daß Er dein Lehrer und dein Ratgeber ist. Und wenn Er nicht täglich in dein Leben hineinsprechen und fortlaufend darüber wachen würde, daß du im Gehorsam handelst, würde in deinem Leben wohl kaum etwas richtig laufen. Und die Folge davon wäre, daß deine persönliche Berufung unterdrückt und dein Leben ins Abseits geraten würde.

3. Lehnst du dich gegen irgendeine der Anweisungen Gottes auf? Ich habe festgestellt, daß ich keinen vollkommenen Frieden haben kann, wenn ich in einem Bereich meines Alltags im Widerspruch zu seinen Gesetzmäßigkeiten lebe:

   *... und was immer wir bitten, empfangen wir von ihm, weil wir seine Gebote halten und das vor ihm Wohlgefällige tun.*

   1. Johannes 3, 22

4. Frage dich einmal, ob die Zukunft, die du dir wünschst, es wert ist, daß du deine Geduld und deine Zeit investierst, um dich darauf vorzubereiten.

   Mose wollte der Mann sein, der die Israeliten befreite. Dafür mußte er etliche Vorbereitungsphasen in Kauf nehmen. Jesus wurde 30 Jahre lang vorbereitet, bevor sein Dienst in der Öffentlichkeit begann. Auch in meinem Leben gab es Zeiten, in denen ich mir von Herzen eine andere Zukunft gewünscht hätte, aber nicht bereit war, den Preis, den mich die Vorbereitung gekostet hätte, zu bezahlen.

   Deine Berufung ist etwas, was du tust, nicht etwas, dessen Zeuge du wirst. Lies die Briefe des Paulus, in denen er schreibt: „... ich jage nach ... ich tue ... strecke mich aus ... ich ermahne ... ich bitte dich ...“ (siehe Phil. 3, 12–4, 3).

***Deine Berufung erfordert deine eigenen, persönlichen Entscheidungen und die entsprechenden Handlungen. Sie wird deinen persönlichen Einsatz, deine Produktivität, deine Leistungen und deine Energie benötigen.***

# Tatsache 30

## Du darfst nur eine von Gott gegebene und bestätigte Berufung anstreben

### Gott wird niemals etwas aufrechterhalten, was Er nicht hervorgebracht hat

„Ich werde mich aus dem Bereich der Evangelisation zurückziehen und eine neue Gemeinde gründen", sagte ein junger Prediger vor einigen Monaten zu mir.

„Demnach hat Gott dich beauftragt, Pastor zu werden", erwiderte ich.

„Nein, eigentlich nicht", widersprach er. „Aber meine Frau hat das Reisen satt. Ich habe zwei Kinder, die ich erziehen muß. Es bleibt mir im Augenblick einfach nichts anderes übrig."

„Du willst eine Gemeinde gründen, ohne die Anweisung und Anleitung des Heiligen Geistes zu haben?" fragte ich ungläubig.

Daraufhin ließ er den Kopf hängen und starrte einige Sekunden vor sich hin. Er konnte nicht antworten. Er konnte seine Idee nicht rechtfertigen.

Wir sind es heutzutage so gewohnt, unser Leben selbst zu gestalten und zu planen, daß wir den Heiligen Geist oftmals nur um Rat fragen, wenn wir in eine kritische Situation geraten sind. Dabei ist es sehr gut möglich, daß Probleme gar nicht erst entstanden wären, wenn wir Ihn vorher gefragt hätten. Ideen, wie sie dieser junge Prediger hatte, sind lediglich Möglichkeiten. Doch wenn Gott redet, gibt Er Anweisungen, die nicht verändert, ignoriert oder abgelehnt werden dürfen.

Oftmals hört man die Redewendung: „Das ist eine göttliche Idee!" Damit soll offensichtlich ausgesagt werden, daß die Inspiration für eine Erfindung oder eine neue Vorgehensweise von Gott gekommen sei. Sie basiert auf Sprüche 8, 12 (*Schlachter*): „Ich, die Weisheit, wohne bei dem Scharfsinn und gewinne die Erkenntnis wohldurchdachter Pläne [*King James Version*: geistreiche Erfindungen]." Ja, Gott regt zu wunderbaren Verbesserungen und Korrekturen in deinem Leben an. Doch tatsächlich ist nicht jeder Gedanke oder jede Idee eine göttliche Anweisung.

*Gott wird niemals etwas aufrechterhalten, was Er nicht hervorgebracht hat.*

Wenn du die Bibel sorgfältig studierst, wirst du nirgendwo eine Stelle finden, in der es heißt, daß Gott irgend jemandem eine Idee gegeben hat. Er gibt vielmehr Anweisungen, und Er gibt Befehle.

Die Schrift berichtet von Menschen, die gesündigt haben, und Gott überließ ihnen die Wahl, auf welche Weise sie dafür gerichtet werden würden. In Davids Leben war dies der Fall, nachdem er gesündigt hatte. David hatte Israel zählen lassen, und das mißfiel dem Herrn:

> *Da sagte David zu Gott: Ich habe sehr gesündigt, daß ich diese Sache getan habe. Und nun laß doch die Schuld deines Knechtes vorübergehen! Denn ich habe sehr töricht gehandelt.*
> 1. Chronik 21, 8

Als Gott zu dem Propheten Gad sprach, sagte Er zu ihm: „Geh hin, rede zu David: So spricht der Herr: Dreierlei lege ich dir vor. Wähle dir eins davon, daß ich es dir tue!" (1. Chr. 21, 10). David entgegnete: „... Laß mich doch in die Hand des Herrn fallen! Denn seine Erbarmungen sind sehr groß. Aber in die Hand der Menschen laß mich nicht fallen" (1. Chr. 21, 13).

Die Moral von der „Volkszählungsgeschichte" Davids ist, daß du auf keinen Fall versuchen solltest, einen Traum zu erfüllen, den Gott dir nicht gegeben hat, oder ein Ziel zu erreichen, das Gott dir nicht gesteckt hat. Falsche Ziele können an die Stelle von richtigen Zielen treten. Falsche Träume können ein Ersatz für richtige Träume werden. Und wenn du einer Sache nachjagst, die Gott nicht für dich bestimmt hat, ist Er nicht verpflichtet, dich über Wasser zu halten – sei es im Hinblick auf deine Gefühle, deine körperlichen Kräfte oder deine finanziellen Mittel.

## Alles, was du im Alleingang erreichen willst, wird fehlschlagen

Einen Tag nachdem David seine Feinde besiegt hatte, saß er in seinem Haus und eröffnete dem Propheten Nathan, daß er ein besonderes Haus für Gott bauen wollte. Der Prophet erwiderte sofort: „Geh hin, tu alles, was du im Herzen hast, denn der Herr ist mit dir!" (2. Sam. 7, 3).

Doch selbst Propheten können sich irren, wenn sie es versäumt haben, Gott zu befragen. Deshalb sagte Gott an jenem Abend zu Nathan, er solle David eine besondere Botschaft überbringen. Die Nachricht war, daß David das Haus des Herrn nicht bauen sollte, denn sein Nachkomme würde dies an seiner Stelle tun:

> *... dann werde ich deinen Nachkommen, der aus deinem Leib kommt, nach dir aufstehen lassen und werde sein Königtum festigen. Der wird meinem Namen ein Haus bauen ...*
>
> 2. Samuel 7, 12–13

Lehrväter, sogenannte Mentoren, sehen oftmals die Zukunft ihrer Schützlinge schon voraus. Salomo war Davids Nachkomme, der schließlich den Tempel baute:

> *Und Salomo sandte zu Hiram und ließ ihm sagen: Du weißt ja selbst, daß mein Vater David dem Namen des Herrn, seines Gottes, kein Haus bauen konnte wegen des Krieges, mit dem seine Feinde ihn umringten, bis der Herr sie unter die Sohlen seiner Füße legte. Nun aber hat der Herr, mein Gott, mir Ruhe verschafft ringsum; kein Widersacher ist*

> *ehr da und kein schlimmes Geschick. Siehe, so gedenke ich, dem Namen des Herrn, meines Gottes, ein Haus zu bauen, so wie der Herr zu meinem Vater David geredet hat, als er sprach: Dein Sohn, den ich an deiner Stelle auf deinen Thron setzen werde, er soll meinem Namen das Haus bauen.*
>
> 1. Könige 5, 16–19

Du wirst während deines Lebens viele wunderbare und inspirierte Ideen haben. Doch ich sage es noch einmal, eine Idee ist kein göttlicher Auftrag. Wenn Gott im Spiel ist, wird es nicht einfach nur eine Idee sein: Es wird eine Anweisung und ein Befehl sein.

Ich habe in meinem Leben verschiedene Projekte durchgeführt, auf die Gott seine Hand nicht gelegt hatte. Sie haben mich emotional, körperlich, geistlich und finanziell völlig ausgelaugt. Wenn ich heute auf das zurückblicke, was ich erreicht habe, wünschte ich mir, ich hätte bei jedem einzelnen Projekt vorher gefragt, ob ich einen direkten Auftrag vom Heiligen Geist dafür habe.

Warum jagen wir verkehrten Zielen nach? Aus verschiedenen Gründen. Ich habe kürzlich mit einem Prediger gesprochen, der Millionen von Euro in ein Hotel investierte. Seine Gemeinde und Partner hatten ihn zu dieser Investition gedrängt, damit sein Dienst und seine Gottesdienste in günstig gelegenen Räumlichkeiten stattfinden konnten. Doch Gott hatte ihm das nicht angeschafft. Die Bedürfnisse der Leute waren der ausschlaggebende Faktor gewesen, nicht die Stimme des Heiligen Geistes. Und er mußte teuer dafür bezahlen, weil seine Entscheidung einige tragische Folgen hatte.

Es kann leicht geschehen, daß man sich von den Nöten derer, die einem nahestehen, aufwühlen und zum Handeln drängen läßt, statt auf Gottes Stimme zu hören. Wenn du das zuläßt, kann das zu Tragödien und leidvollen Erfahrungen in deinem Leben führen. Auch den Nöten anderer zu begegnen ist nicht zwangsläufig ein Auftrag Gottes.

Manchmal treibt uns auch unsere eigene Routine und die damit verbundene Langeweile dazu an, etwas anderes auszuprobieren. Einer der größten Evangelisten unserer Generation sagte einmal zu mir:

„Mike, den schlimmsten Fehler meines Lebens habe ich begangen, als ich es satt hatte, immer wieder dasselbe zu tun. Ich beschloß, eine Veränderung herbeizuführen, und das war der größte Fehler während meines Dienstes. Ich verlor mehrere Hunderttausend Partner, die mich unterstützten. Ich hatte einfach Gott total verpaßt."

Einer meiner großartigen Lehrer erklärte mir eines Tages: „Wenn du es langsam satt hast, etwas Bestimmtes immer wieder zu sagen, bist du gerade dabei, es selbst zu begreifen. Wenn dein Team es langsam satt hat, von dir immer wieder etwas Bestimmtes gesagt zu bekommen, sind sie gerade dabei, es zu begreifen. Und wenn deine Leute es langsam satt haben zu hören, wie du etwas Bestimmtes immer wieder lehrst, dann sind sie gerade dabei, es zu begreifen."

Deshalb kämpfe gegen Langeweile an, indem du in seine Gegenwart trittst und dir dort frische Inspiration und neue Anweisungen holst. Erlaube nicht, daß deine Phantasie dein Führer wird und die Planung deiner Bestimmung übernimmt.

Wenn ich Zeit im „Versteck" bei Gott verbracht habe, um Bestätigung und Rückkoppelung hinsichtlich des göttlichen Willens zu bekommen, hat mich sein innerer Friede durch kritische Zeiten und schwierige Umstände, die sich ergaben, hindurchgetragen. Ich wußte einfach: „Wenn Gott für uns ist, wer gegen uns?" (Röm. 8, 31).

## Jede wahre Berufung macht sich Feinde

Es ist also von entscheidender Bedeutung, daß du ohne jeglichen Zweifel weißt, daß Gott ein Feind deiner Feinde und ein Freund deiner Freunde ist und daß Er dich bei der Ausführung jeder Anweisung Seite an Seite begleitet.

Ein weiterer Grund, warum wir Projekte in Angriff nehmen, zu denen Gott uns nicht angeregt hat, ist Verkaufstechnik. Jemand, der redegewandt und hartnäckig ist, überzeugt uns, daß wir „die Chance unseres Lebens" haben und daß wir sie jetzt ergreifen müßten, denn eine solche Gelegenheit käme nie wieder. Dabei gibt es mehr Gelegenheiten wie Sand am Meer. Das Universum ist voll von ihnen, enthält sie in millionenfacher Ausführung.

Es wird dir nie an Gelegenheiten mangeln. Aber dich auf jede Gelegenheit ganz zu konzentrieren und dein Bestes zu geben, das macht den Unterschied aus. Stell dir deshalb die Frage: „Wieviel Einfluß hatte Gott in der Vergangenheit auf meine Entscheidungen? Wieviel private Zeit habe ich investiert, um wegen meiner Vorhaben „Gottes Versteck“ aufzusuchen?“

Wenn ich mich ins „Versteck“ (mein privater Gebetsraum, der für den Heiligen Geist reserviert ist) zurückziehe, komme ich stets zu anderen Schlußfolgerungen als meine Ratgeber. Warum? Weil Gott weiter voraussieht als irgendein Mensch. Er ist schnell dabei, seine Antworten zu übermitteln, wenn du danach verlangst.

> *Wenn der Herr das Haus nicht baut, arbeiten seine Erbauer vergebens daran …*
>
> Psalm 127, 1

Ich glaube das. Höre also auf die Stimme des Heiligen Geistes. Er wird sprechen, wenn seine Meinung erwünscht, geschätzt und beachtet wird.

***Niemand anderer ist für die Erfüllung deiner Berufung verantwortlich – nur du allein.***

# Tatsache 31

## Du wirst deine Berufung erfüllen, weil Gott beschlossen hat, etwas in deinem Leben mit übernatürlicher Kraft zu versehen

### Wie erfolgreich du in deiner Berufung bist, hängt von der Salbung ab

Ich kann es gar nicht stark genug betonen. Die Salbung ist eine spezielle Befähigung, die der Heilige Geist gibt, um ein aktuelles Problem zu lösen. Er überträgt Kraft, damit Menschen von Lasten und Gebundenheiten befreit werden. Es ist die Kraft Gottes, die korrigiert.

Es folgen nun 18 Gedankenansstöße, die dafür sorgen, daß die Salbung immer überfließend und frisch in deinem Leben vorhanden ist.

### 18 Gesichtspunkte, um Salbung zu verstehen

1. Du hast etwas bekommen, das Gott benutzen kann. Finde heraus, was es ist:

   *Jedem aber wird die Offenbarung des Geistes zum Nutzen gegeben.*

   1. Korinther 12, 7

   David hatte eine Schleuder. Ich bin überzeugt davon, daß Tausende von anderen jungen Männern in seinem Alter auch eine Schleuder besaßen. Doch Davids Schleuder wurde von Gott auf eine Weise benutzt, die die Welt verändert hat. Seine starke Abhängigkeit von Gott verstärkte die Salbung, die auf ihm war.

2. Selbst die Dinge, die nichts Besonderes an dir sind, werden unter der Salbung zu etwas Besonderem.

> Selbst die Dinge, die nichts Besonderes an dir sind, werden unter der Salbung zu etwas Besonderem.

Die Salbung, die auf Davids Leben war, machte aus einer gewöhnlichen Steinschleuder eine ungewöhnliche Waffe (siehe 1. Sam. 17, 45–51). Bedenke – die Salbung ist die Kraft Gottes. Sie befreit von Lasten und zerstört das Joch der Gebundenheit:

*An jenem Tag wird es geschehen, da weicht seine Last von deiner Schulter, und sein Joch wird von deinem Hals weggerissen, und vernichtet wird das Joch vor dem Fett [* King James Verion*: wegen der Salbung].*

Jesaja 10, 27

3. Du brauchst keine Waffen von anderen:

*So überwand David mit der Schleuder und mit dem Stein den Philister, und er traf den Philister und tötete ihn. David aber hatte kein Schwert in der Hand.*

1. Samuel 17, 50

4. Andere werden deine Waffe vielleicht für ungeeignet halten, um damit deine Berufung zu erfüllen:

*Und Saul legte David seine Rüstung an und setzte einen bronzenen Helm auf sein Haupt und zog ihm einen Schuppenpanzer an. Und David gürtete Sauls Schwert über seine Rüstung und wollte damit gehen, denn er hatte es noch nie versucht.*

1. Samuel 17, 38–39

5. Du mußt dich weigern, jemand anderen nachzuahmen, zu imitieren oder die Waffen, die andere im Kampf benutzen, zu gebrauchen:

*Da sagte David zu Saul: Ich kann damit nicht gehen, denn ich habe es nie versucht. Und David legte sie wieder ab.*

1. Samuel 17, 39

6. Was immer dir gegeben worden ist, wird etwas hervorbringen, das dir versprochen wurde.

   Mose besaß einen Stab:

   *Da sprach der Herr zu ihm: Was ist das da in deiner Hand? Er sagte: Ein Stab. Und er sprach: Wirf ihn auf die Erde! Da warf er ihn auf die Erde, und er wurde zu einer Schlange, und Mose floh vor ihr. Der Herr aber sprach zu Mose: Strecke deine Hand aus und fasse sie beim Schwanz! Da streckte er seine Hand aus und ergriff sie, und sie wurde in seiner Hand zum Stab: Damit sie glauben, daß dir der Herr erschienen ist, der Gott ihrer Väter, der Gott Abrahams, der Gott Isaaks und der Gott Jakobs.*

   2. Mose 4, 2–5

7. Du hast etwas, das dich einzigartig macht. Deshalb mußt du herausfinden, was es ist. Entwickle es und baue dein Leben und deinen Dienst auf diese einzigartige Gabe oder Stärke, die Gott dir geben hat, oder dieses göttliche Talent auf (siehe 1. Kor. 12, 14–21). Verbringe nicht dein Leben mit dem Versuch, deine Schwächen zu korrigieren. Nutze dein Leben, um die Stärken und Gaben zu entdecken und auszubauen, die Gott dir gegeben hat. Diese Stärken sind die Waffen, die Gott im Kampf benutzen wird. Diese Stärken werden dir jedesmal zum Sieg verhelfen.

8. Gott kennt immer deine größte Angst und Schwäche. Der Herr sagte etwas sehr Interessantes zu Jeremia, als der Prophet sich von seiner Berufung förmlich erschlagen fühlte:

   *Da sagte ich: Ach, Herr, Herr! Siehe, ich verstehe nicht zu reden, denn ich bin zu jung.*

   Jeremia 1, 6

   Gott korrigierte ihn wegen seiner Besorgnis, er sei unfähig:

   *Da sprach der Herr zu mir: Sage nicht: Ich bin zu jung. Denn zu allen, zu denen ich dich sende, sollst du gehen, und alles, was ich dir gebiete, sollst du reden. Fürchte dich nicht vor ihnen! Denn ich bin mit dir, um dich zu erretten, spricht der Herr.*

Jeremia 1, 7–8
(siehe auch 2. Timotheus 1, 7)

9. Gott ist nicht daran interessiert, was du nicht tun kannst. Ihn interessiert vielmehr, was du zu tun bereit bist.

10. Deine Schwächen werden deine Berufung nicht aufhalten, wenn du die richtige Herzenseinstellung hast. Joseph hatte nicht das zwischenmenschliche Geschick, die Sympathie seiner Brüder zu gewinnen. Doch er hatte eine andere Fähigkeit: Er konnte Träume deuten. Diese Gabe war es, die ihn schließlich vom Gefängnis in den Palast brachte (siehe 1. Mo. 41, 39–45).

11. Woran auch immer es dir mangelt, ist bedeutungslos, wenn Gott dich übernatürlich segnen möchte. Die Witwe von Zarpat hatte keinen Job. Sie hatten keine sozialen Beziehungen vorzuweisen. Offensichtlich hatte sie nicht einmal das Talent, wohlwollenden Menschen eine Gabe zu entlocken. Ihre Familie mußte entweder verstorben, unfähig oder lieblos und gleichgültig gewesen sein (1. Kö. 17).

12. Deine Achtung vor der Salbung anderer wird deine eigene Bestimmung an Kraft zunehmen lassen. Die Witwe von Zarpat hatte jedoch die Fähigkeit, auf einen Mann Gottes zu hören. Und diese Stärke war es, die ihr während der größten Hungersnot in ihrem Leben eine überreiche Versorgung verschaffte (siehe 1. Kö. 17).

13. Du besitzt bereits alles, was du brauchst, um deine gegenwärtige Berufung zu erfüllen. So mache eine Bestandsaufnahme all der Dinge, die du bekommen hast. Halte die Namen der Menschen schriftlich fest, bei denen du Gunst hast oder zu denen du eine Verbindung hast. Notiere die wunderbaren und herrlichen Segnungen, die Gott dir bereits zugänglich gemacht hat (siehe Phil. 4, 13; 19).

14. Wenn du die Möglichkeiten ausschöpfst, die sich dir gegenwärtig erschließen, qualifizierst du dich dafür, in deine nächste Wachstumsphase einzutreten. Bemühe dich deshalb, aus allem, was du gegenwärtig besitzt – und sei es noch so gering –, das Bestmögliche zu machen. Von dem, was du als erstes tust, wird Gott es abhängig machen, was du als zweites tun wirst (siehe Mt. 6, 33).

15. Respektiere die Berufung anderer. Wenn du die Gaben und Stärken anderer Menschen wertachtest, wird sich Gunst wie ein Wasserfall über dich ergießen. Das läßt sich weder erklären noch aufhalten. Doch was du achtest, wird auf dich zurückkommen. Und die Salbung, die du schätzt, ist die Salbung, die dein Leben bereichert (siehe Eph. 5, 20).

16. Erkenne alles Gute in dir an.

*... daß die Gemeinschaft deines Glaubens wirksam werde in der Erkenntnis alles Guten, das in uns im Hinblick auf Christus ist.*

Philemon 1, 6

17. Erwarte, daß deine größten Stärken und Talente durch die Gegenwart des Heilgen Geistes in deinem Leben noch zunehmen, wachsen und vervollkommnet werden:

*Der Herr wird's für mich vollenden ...*

Psalm 138, 8

18. Erwarte, daß dir deine Stärken und Talente für den Rest der Ewigkeit zur Verfügung stehen werden:

*Ich bin ebenso in guter Zuversicht, daß der, der ein gutes Werk in euch angefangen hat, es vollenden wird bis auf den Tag Christi Jesu.*

Philipper 1, 6

Und vergiß niemals, daß deine Berufung dich alles kosten kann, denn alles, was wirklich von Bedeutung ist, hat einen Preis, und zwar IMMER. Aber was du für deine Gehorsamkeit zurückbekommst, wird deine Erwartungen immer übertreffen, weil Gott im Gegenzug SICH SELBST gibt.

*Denn ihr seid um einen Preis erkauft worden. Verherrlicht nun Gott mit eurem Leib.*

1. Korinther 6, 20

***Etwas, das du bereits in Händen hältst, wird den Plan deines Feindes zunichte machen.***

# Schlußwort

Ich hoffe, daß dir dieses Buch geholfen hat, die göttliche Berufung, die für dich bereitsteht, zu erkennen und zu erfüllen. Vielen Dank, daß du mir Zutritt zu deinem Leben gewährt hast. Es ist kein Zufall, daß diese brandaktuellen Wahrheiten und tiefgründigen Weisheiten von meinem Herzen in deines übergegangen sind. Gott hat eine Verbindung zwischen uns hergestellt, mein kostbarer Freund.

Nun mache dich auf den Weg, und sei erfolgreich ... MEHR ALS DU ES DIR JEMALS ERTRÄUMT HAST. Finde den Platz, den Er schon vor der Erschaffung der Welt für dich reserviert hat. Erlaube Ihm, dich als ein Instrument zu benutzen, durch das Er andere Menschen auf dieser Erde segnen kann. Erfülle deine Bestimmung. Entdecke und erfülle deine Berufung.

# Über den Autor

Der Dienst von Dr. Mike Murdock ist auf der ganzen Welt bekannt. Bei über 12.000 Predigtterminen in 36 Ländern sind durch seine Veranstaltungen und Bibelseminare viele Menschen gesegnet worden. Mike Murdock ist zudem ein beachtenswerter Autor, der 77 Bücher einschließlich der Bestseller *Wisdom for Winning*, *Dream Seeds* und *The Double Diamond Principle* geschrieben hat. Darüber hinaus ist er ein vollendeter Pianist, Sänger und Komponist, aus dessen Feder über 5.000 Lieder stammen, einschließlich *I Am Blessed*, *You Can Make It* und *Jesus, Just the Mention of Your Name*.

Dr. Murdock moderiert eine Fernsehsendung mit dem Titel *Kostbare Weisheiten mit Mike Murdock*, die einmal wöchentlich ausgestrahlt wird, und ein Radioprogramm, *Das Versteck*, das täglich gesendet wird.

**Laß los, was dich zurückhält**
**John L. Mason**
**129416 131 Seiten**

John Masons praxistaugliche Prinzipien, biblisch fundierte Motivationstechniken und göttliche Weisheiten werden unerfüllte Träume dorthin befördern, wo sie hingehören – aus deinem Leben hinaus!
Laß dich zum Nachdenken anregen …

- Ungeduld führt zu „Mit-dem-Kopf-durch-die-Wand"-Schmerzen.
- Beiß mehr ab, als du kauen kannst!
- Gebrauche deine Kreativität und Vorstellungskraft, um jegliche Tradition unablässig zu konfrontieren!
- Steh dir nicht selbst im Weg!
- Wenn du jemanden nachahmst, kannst du bestenfalls die Nummer 2 werden!
- Wege ohne Hindernisse führen nirgendwo hin!

**Du bist als Original geboren, stirb nicht als Kopie!**
John Mason
129412 128 Seiten

Dieses Buch ist dazu gedacht, Durchschnittlichkeit und unerfüllte Träume endgültig aus deinem Leben hinauszubefördern. Der Schreibstil des Bestsellerautors J. Mason ähnelt dem Buch der Sprüche aus der Bibel. Durch kurze Aussprüche regt er zum Denken an, fordert heraus und ermutigt. So beinhaltet dieses Buch in 52 Kapiteln Wahrheiten, die Hindernisse einreißen, damit du Vortrefflichkeit erreichst und in die ganze Fülle eintreten kannst, zu der Gott dich geschaffen hat. Gott hat dich für eine spezifische, einzigartige Aufgabe erwählt. Er will nicht, daß du eine andere Person nachahmst, sondern genau das Original wirst, zu dem Er dich berufen hat.

**Laß dich nicht einschüchtern**
**Überwinde Angst und setze die Gaben Gottes in deinem Leben frei**
**John Bevere**
**129429 209 Seiten**

- Fällt es dir schwer, nein zu sagen?
- Hast du Angst vor Auseinandersetzungen?
- Schließt du Kompromisse, um Konflikte zu vermeiden?
- Triffst du Entscheidungen danach, ob du anderen dadurch gefällst?

Falls du auch nur auf eine dieser Fragen mit ja geantwortet hast, dann ist dies ein Buch für dich. Es zeigt auf, was Einschüchterung ist, bricht deren Umklammerung und zeigt dir, wie du Gottes Gaben freisetzt. Es ist höchste Zeit, aus der Falle der Einschüchterung herauszukommen und deren Auswirkungen (Depression, Hoffnungslosigkeit und Verwirrung) zu überwinden. Laß es nicht länger zu, daß Angst dich zurückhält.

**Der Köder des Feindes**
**Deine Reaktion bestimmt deine Zukunft**
**John Bevere**
**129415 235 Seiten**

- Mußt du immer deine Version der Geschichte erzählen?
- Bist du leicht mißtrauisch und neigst zu Unterstellungen?
- Drehen sich deine Gedanken ständig um deine alten Verletzungen?
- Hast du resigniert, weil dir jemand etwas angetan hat?

Dieses Buch deckt eine der heimtückischsten Fallen auf, mit deren Hilfe Satan versucht, dich von Gottes Willen abzubringen – Ärgernisse und Kränkungen.

**Handbuch zum Selbststudium zu *Der Köder des Feindes***
**John Bevere**
**129432 118 Seiten**

**Schönheit statt Asche**
**Empfange Heilung für deine Emotionen**
**Joyce Meyer**
**129427 170 Seiten**

Es gibt unzählige Bücher über körperliche Heilung und jetzt auch endlich ein empfehlenswertes Buch über emotionale Heilung. Nicht auf der Basis von Psychologie, Meinungen oder Gefühlen, sondern auf dem unerschütterlichen Fundament des Wortes Gottes gegründet. Es ist keine theoretische Abhandlung, denn Joyce Meyer war selbst Opfer von körperlichem und sexuellem Mißbrauch als Kind. Sie beschreibt die wichtigsten Wahrheiten, die Heilung in ihr Leben brachten. Sie können auch dich freisetzen.

**Die Furcht des Herrn**
**Entdecke, wie du ein enger Freund Gottes werden kannst**
**John Bevere**
**129414 198 Seiten**

Mehr als je zuvor fehlt uns heutzutage in unserem Gebet, in den Gemeinden und im persönlichen Leben etwas Wesentliches – etwas, das Intimität mit Gott aufbaut, das unser Leben real und rein und uns wahrhaft zu Kindern Gottes macht, die vom Heiligen Geist geleitet sind. Dieses „Etwas" ist die Furcht des Herrn! Der Autor zeigt, wie wichtig es für uns ist, Gott zu fürchten. In seiner liebevollen und doch sehr konfrontierenden Art fordert John Bevere uns heraus, Gott täglich die Ihm gebührende Ehrfurcht in unserem Leben und unserer Anbetung zu erweisen. Dieses Buch wird dein Leben und deine Beziehung zu Gott revolutionieren!

**Die Schule des Geistes**
**Erfolgreiches Leben in der geistlichen Welt**
**Roberts Liardon**
**129417 170 Seiten**

Vom Heiligen Geist geleitet zu werden beeinflußt jeden Teil deines Lebens. Gott möchte dir in jedem Bereich deines Lebens helfen. Dabei möchte Er dir nicht den Spaß verderben, sondern dich weit über das hinaus segnen, was du dir vorstellen kannst. Dieses Buch beschreibt, …

- wie du deinen Geist stärken kannst.
- sieben biblische Weisen, wie Gott sein Volk leitet.
- die positiven Auswirkungen des Sprachengebets.
- wie man das „innere Zeugnis“ erkennt.
- wie du dich von unbiblischer Führung befreist.

**Außer Kontrolle und begeistert darüber!**
**Lisa Bevere**
**129413** **202 Seiten**

Hast du dein chaotisches, hektisches und streßreiches Leben satt? Lisa Beveres Leben war voller Probleme und Turbulenzen, bis sie erkannte, daß immer dann alles im Chaos endete, wenn sie die Kontrolle übernahm. Dieses Buch ist ihr Bericht darüber, wie sie ihre panisch-hektische Kontrolle aufgeben und Gott das Steuer überlassen konnte, der sie in einen Hafen der Ruhe und des Friedens brachte. Der Inhalt dieses Buches zeigt uns, wie wir unser Leben – unseren Ehepartner, unsere Kinder, unsere Finanzen, unseren Beruf oder Dienst – Gott unterstellen können.
Hältst du alles so verbissen fest, daß Gott nicht mehr in dein Leben eingreifen kann? Laß los und erlebe die Freiheit und den Frieden Gottes, die Er dir zugedacht hat.

**Gottes Generäle**
**Warum sie Erfolg hatten und warum einige scheiterten**

**Roberts Liardon**
**129410** **413 Seiten Hard cover**

In diesem umfangreichen Werk hat Roberts Liardon den ansteckenden Eifer und den dynamischen Geist zwölf legendärer Erweckungsprediger, wie z.B. von John G. Lake, Smith Wigglesworth, Kathryn Kuhlman, Evan Roberts und anderen, eingefangen. Die historisch ergiebigen Kapitel vermitteln dem Leser einen prägnanten Einblick in die maßgeblichen Ereignisse, die die Gemeinde um die letzte Jahrhundertwende prägten.

# Weitere Bücher des Adullam Verlags

**Mehr als genug** von John Avanzini
**Wenn Luzifer und Isebel deine Gemeinde besuchen** von Dick Bernal
**Der Ruf des Geistes** von Roberts Liardon
**Spricht so der Herr?** von John Bevere
**Gott garantiert Schuldenfreiheit** von John Avanzini
**Überwinde Durchschnittlichkeit** von John Mason
**Richtig mit Gefühlen umgehen** von Joyce Meyer
**Ich und meine große Klappe** von Joyce Meyer
**Kommunikation, Sex und Geld** von Edwin Louis Cole
**Wertvoller als Geld** von John Avanzini
**Dem Feind den Zugang verschließen** von John Bevere
**Die wahre Größe einer Frau** von Lisa Bevere
**Auf der Suche nach Erweckung** von Ron McIntosh
**Porträts mutiger Männer** von Ed Cole
**Die göttliche Invasionsmacht** von Roberts Liardon
**Spukhäuser, Geister und Dämonen** von Roberts Liardon
**Halte fest an Gottes Wort!** von Roberts Liardon
**Vergiß nicht, was Er dir Gutes getan hat!** von Roberts Liardon
**Schluß mit dem Versteckspiel** von Richard Perinchief
**Der Preis für geistliche Kraft** von Roberts Liardon
**Religiöse Politik – Menschen- oder gottgefällig?** von Roberts Liardon

**Adullam Verlag**
**St.-Ulrich-Pl. 8**
**85630 Grasbrunn**
**Tel. (0 89) 46 88 01**
**Fax: (0 89) 46 20 17 90**
**www.adullam.de**

Gerne senden wir den aktuellen Katalog über das ganze Sortiment, neue Bücher, Projekte und Termine zu.